Scrittori italiani e stranieri

Andrea Camilleri

VOI NON SAPETE

Gli amici, i nemici, la mafia, il mondo
nei pizzini di Bernardo Provenzano

MONDADORI

Dello stesso autore

Nella collezione I Meridiani
Storie di Montalbano
Romanzi storici e civili

Nella collezione Omnibus
Un mese con Montalbano

Nella collezione Scrittori italiani e stranieri
Gli arancini di Montalbano
La scomparsa di Patò
La paura di Montalbano
La prima indagine di Montalbano
La Pensione Eva
Il colore del sole

Nella collezione Oscar
Un mese con Montalbano
Gli arancini di Montalbano
La scomparsa di Patò
La paura di Montalbano
La prima indagine di Montalbano
Il medaglione
Le indagini del commissario Collura

Fuori collana
Gli arancini di Montalbano
edizione speciale con immagini di Ferdinando Scianna

www.librimondadori.it

ISBN 978-88-04-57511-5

© 2007 *Arnoldo Mondadori Editore S.p.A., Milano*
I edizione ottobre 2007

Voi non sapete

Avvertenza

Le voci di questo dizionario si riferiscono in gran parte a parole che ricorrono spesso nei pizzini di Provenzano.

Ma ci sono anche voci che, pur non trovando riscontro nei pizzini, servono a illustrare meglio il personaggio di Bernardo Provenzano e il periodo nel quale agì.

Per compilarle, mi sono servito delle fotocopie dei pizzini gentilmente concesse dalla Procura di Palermo e di alcuni libri che elenco in bibliografia, avvertendo che all'interno delle varie voci questi ultimi saranno citati solo col nome dell'autore o degli autori.

AFFARI. Di certo il giovane Bernardo Provenzano dovette prendere il gusto per gli affari quando si trovò, come luogotenente del boss corleonese Luciano Liggio, a far l'esattore di una piccola agenzia finanziaria creata dal capo e che serviva essenzialmente a riciclare denaro sporco.

E per questo si meritò il meno noto soprannome di *'u raggiuneri*.

In seguito controllò le forniture sanitarie di molti ospedali, alcune imprese edilizie e si infiltrò in alcuni settori della grande distribuzione commerciale nei supermercati.

Raggiunta l'autonomia con la scomparsa di scena di Liggio, entrò in prima persona nei grossi affari degli appalti quale unico protettore ufficioso, e anche ufficiale, di un altro corleonese, Vito Ciancimino (democristiano della corrente di Amintore Fanfani il cui massimo esponente nell'Isola era l'onorevole Gioia), che venne eletto per la prima volta nel consiglio comunale palermitano nel 1956.

Tra il 1959 e il 1963 si alternò con Salvo Lima, di quella stessa corrente politica, all'assessorato per i Lavori pubblici.

Furono gli anni ignobili del cosiddetto "sacco di Palermo".

Su proposta di Ciancimino e Lima il consiglio comunale concesse in quello stesso arco di tempo ben 4205 licenze edilizie, l'ottanta per cento delle quali furono assegnate a cinque sole imprese i cui titolari erano quasi o per niente conosciuti nell'ambiente.

Infatti, uno si rivelò essere un commerciante di carbone e un altro un ex muratore, il quale ottenne un posto di portinaio in uno stabile che in teoria aveva lui stesso fatto edificare. Erano semplici prestanome della mafia.

Si trattava, è bene ricordarlo, di edilizia sovvenzionata con fondi pubblici. E dietro a tutto questo ci stava Provenzano.

Negli stessi anni, sia detto per inciso, il cardinale arcivescovo di Palermo, Ernesto Ruffini, dopo aver proclamato in diverse occasioni, a voce e per iscritto, che la mafia era una malvagia invenzione dei comunisti, corresse leggermente il tiro in una lettera pastorale intitolata *Il vero volto della Sicilia*, nella quale si riconosceva che la mafia esisteva sì, ma che non aveva niente di diverso da qualsiasi altra attività criminale che si svolgeva in Italia. A rappresentarla come diversa era, sempre secondo il cardinale, una congiura mediatica organizzata dai soliti comunisti.

Nel 1964 Ciancimino, in seguito a un'inchiesta dell'Antimafia, fu costretto a dimettersi. Nel 1970 però si prese una grossa rivincita diventando addirittura sindaco di Palermo.

Provenzano aveva fatto convergere su di lui tutti i voti che la mafia poteva controllare.

Costretto nuovamente a dimettersi, continuò a lavorare nell'ombra fino al 1984, quando venne finalmente arrestato. La condanna definitiva però arrivò solo nel 1992.

Il 12 marzo di quello stesso anno il suo ex compagno d'affari Salvo Lima, passato da Fanfani ad Andreotti e diventato eurodeputato, venne ucciso dai suoi ex amici con l'accusa di non aver mantenuto le promesse fatte prima di essere eletto.

La caduta politica di Ciancimino e il suo arresto dovettero recare notevole danno a Provenzano.

Ma da quella collaborazione Provenzano ci aveva guadagnato, oltre a una barca di miliardi, una precisa convinzione: cioè che gli affari si potevano concludere senza bisogno di fare *scrusciu*, in sordina, senza far ricorso al sostegno delle armi.

Certo, un'intimidazione era comunque necessaria, anche se non esplicitamente formulata.

Quando egli, seduto al famoso "tavolo" con un imprenditore, chiedeva un grosso pizzo per un appalto, non aveva nemmeno bisogno di minacciare perché l'imprenditore sapeva benissimo che alle spalle di Provenzano c'era tutta quanta la potenza di fuoco mafiosa.

Era insomma come se il presidente degli Stati Uniti, pretendendo un quarto del territorio di San

Marino, si mettesse a discutere della richiesta col Governatore di quella Repubblica presentandosi però in forma privata.

Dalla clandestinità Provenzano continuò a dirigere affari e appalti anche se non erano più quelli dei tempi d'oro di Ciancimino.

Sulla riscossione del due per cento imposto quale pizzo su appalti e lavori vari, Provenzano non transige, i pizzini in proposito parlano chiaro: le imprese si devono tutte *mettere a posto* pagando il dovuto.

... c'è Un'Imp. Di Favara, Impresario Bellomo Giuseppe, Che stà facendo lavori x l'importo di Un miliardo e duecentomila, e volessero sapere, se si può, e si mette apposto...

Pollara x Lercara, ora le dici di portare il 2%...

Imp. Iraci che deve fare un lavoro di consolidamento a Belmonte M...e

... vogliono che si mettono a posto...

... ti avessi detto di mettere a posto L'imp. Catalano... Fatelo correre...

L'impresa Manciapne Mario di San Giovanni Gemini... che si metti apposto...

E avanti così con centinaia d'imprese sparse per tutta la Sicilia. Il volume d'affari è semplicemente impressionante.

Tutte le imprese, prima o poi, finiscono col rendersi conto che è salutare *mettersi a posto*. Che è espressione equivalente a quella dello Stato quando invita i cittadini a "mettersi in regola" con le tasse.

Solo che in questo secondo caso l'invito spesso e volentieri non viene raccolto. Tanto, a differenza della mafia, lo Stato non ti spara e non ti brucia i cantieri.

Commentano Palazzolo e Prestipino:

> Secondo la teorizzazione di Bernardo Provenzano, il pizzo sistematico che a cadenza periodica continuano a pagare nei quartieri i commercianti, gli artigiani e i piccoli imprenditori è solo vessazione esercitata nei confronti di chi produce. E spesso origina malumore e dissenso. La messa a posto dei lavori pubblici è invece occasione per creare consenso: permette di avvicinare gli imprenditori, ai quali verranno promessi vantaggi in cambio del versamento di una tassa.

Provenzano, da bravo *raggiuneri*, si faceva un punto d'onore di tenere tutti i conti in perfetto ordine.

Era inflessibile e sdegnoso con chi, dei suoi, ritardava la consegna di una somma riscossa.

Era flessibile invece sulla cifra del due per cento: disposto ad abbassarla se l'impresa si dimostrava sincera nel chiedere una riduzione, si preoccupava di calmierare anche richieste mafiose di una percentuale maggiore.

Il tutto per arricchirsi sempre di più, naturalmente.

Ma c'è da tenere presente che Provenzano ha sempre bisogno di denaro perché mantenere perfettamente funzionante l'organizzazione mafiosa costa moltissimo.

Ogni arresto e ogni processo significano fortissime uscite. Costano anche le latitanze.

Ed è importante il soccorso economico da prestare ai detenuti e alle loro famiglie per evitare che le condizioni disagiate possano portare a un'inclinazione al pentitismo.

L'ultimo pizzino d'affari che Provenzano non riuscì a mandare perché venne arrestato era diretto al fedele Calogero Lo Bue:

Carissimo... ti dò conferma che ho ricevuto per me e p. 4mila E.

Ma la somma era stata già trascritta nell'ordinatissimo registro di cassa.

Ammazzare. Pare che Bernardo Provenzano, assai giovane, dopo un violento alterco in una osteria con un compaesano e amico corleonese, l'avesse invitato ad andare con lui in aperta campagna per un ragionamento.

E qui l'aveva ammazzato, standogli sopra a cavalcioni e colpendolo ripetutamente al cranio con una grossa pietra.

> Disse Caino al fratello Abele: «Usciamo fuori». E come furon pei campi, Caino insorse contro il fratello Abele e l'uccise.

Con una pietra, allo stesso modo di Provenzano. Singolare questo biblico inizio di carriera. Di certo, Provenzano giovane girava armato se non di pistola almeno di coltello. Perché adoperò una pietra per commettere il suo primo delitto? È da escludere che già allora fosse quell'attento lettore, e chiosatore, della Bibbia che diventerà in età avanzata. Si tratta di una delle circolarità della sua esistenza.

È l'unico omicidio che compie con quel sistema primitivo; dopo quello, adopererà sempre con profitto pistola, lupara e mitra.

Luciano Liggio, che se ne intendeva, disse di Provenzano che «sparava come un dio, ma aveva un cervello di gallina». Giudizio confermato da Tommaso Buscetta: «Riina era assai più intelligente di Provenzano». E infatti Liggio saggiamente divise le competenze tra i due suoi luogotenenti, Riina e Provenzano, assegnando al primo compiti anche direttivi e relegando il secondo alle funzioni di esattore e di killer.

Ma aveva grossolanamente sbagliato nella seconda parte del giudizio, come si dimostrò nel tempo.

In qualità di killer, il meglio di sé Provenzano lo diede nella strage compiuta a Palermo in un garage di viale Lazio, il 10 dicembre 1969.

Un capo mafioso palermitano pazzoide, Michele Cavataio, dopo essere stato assolto dalla Corte d'Assise di Catanzaro da una decina di omicidi, era tornato in città deciso ad allargare a tutti i costi la sfera del suo potere.

Nella sua follia, aveva redatto una pianta di Palermo corredandola coi nomi dei capimafia dei vari quartieri. E minacciava di portarla a conoscenza delle forze dell'ordine se non gli veniva concesso più spazio. Un ricatto ai mafiosi fatto da un mafioso potrebbe sembrare un'impresa demenziale. Ritenendolo invece ben capace di compiere una mossa così azzardata, la mafia in seduta plenaria decise l'eliminazione sua e di tutti quelli che lo spalleggiavano.

Venuti a conoscenza che Cavataio e alcuni dei suoi si sarebbero quel giorno riuniti in un garage di viale Lazio poco dopo le 18,30, sei mafiosi scelti tra tutte le famiglie palermitane più influenti – una specie di commando internazionale ONU agli ordini di Provenzano – si travestono da agenti di polizia (Provenzano, sempre attento alle gerarchie, indossa una divisa con i gradi di capitano) e, a bordo di due Giulie, auto allora usate dalle forze dell'ordine, si fermano davanti al garage quando manca poco alle 19.

Sulla porta c'è uno del gruppo avversario, tale Giovanni Domè, che non fa in tempo ad avvertire gli altri perché Provenzano l'ammazza all'istante, aprendo la portiera e sparandogli dall'interno della Giulia.

Il primo del commando a entrare nel garage è Gaetano Grado che spara due colpi di lupara a Cavataio ma quello, pur ferito a una spalla, reagisce al fuoco, colpisce una lastra di vetro e le schegge vanno a finire negli occhi di Grado che rimane accecato.

Entrano intanto di corsa Damiano Caruso, Calogero Bagarella e Binnu Provenzano sparando all'impazzata.

Ammazzano i fratelli Filippo e Angelo Moncada, Francesco Tumminello, Salvatore Bevilacqua.

Ma anche Cavataio continua a sparare ferendo Provenzano a una mano, Caruso a un braccio e colpendo a morte Bagarella.

Poi anche lui, nuovamente raggiunto da un proiettile, va a finire sotto a una scrivania. Non si muove più, sembra morto. Provenzano, per sincerarsene, lo piglia per i piedi e lo trascina fuori dal riparo. E si trova puntato dritto in mezzo agli occhi il revolver di Cavataio che si era finto morto. Provenzano non ha nemmeno il tempo di reagire perché l'altro preme il grilletto. Ma l'arma di Cavataio è ormai scarica, fa solo un debole clic. Provenzano si scuote, tenta di finirlo con la mitraglietta, ma quella si è inceppata. Allora, mentre lo tempesta di calci, nonostante la ferita alla mano riesce a tirare fuori dalla cintola la pistola e a scaricargli addosso l'intero caricatore.

Poi perquisisce con calma il cadavere e trova la famosa mappa (anzi, una parte di essa) in una tasca della giacca.

Fu in quell'occasione che Provenzano si guadagnò il soprannome di 'u tratturi, il trattore che procede implacabile e non lascia dietro di sé fili d'erba, spiana tutto.

Palazzolo e Prestipino fanno notare un'altra circolarità: nella mattanza di viale Lazio, Provenzano indossa una divisa da poliziotto; quando viene arrestato a Montagna dei Cavalli, trentasette anni dopo quella strage, qualcuno gli fa indossare, al momento di caricarlo in elicottero, un giubbotto che sul retro porta scritto POLIZIA.

Il ruolino di marcia della carriera di killer in servizio permanente effettivo di Bernardo Provenzano viene stimato in oltre quaranta omicidi.

Poi passò nella riserva, limitandosi a sottoscrivere le condanne a morte emanate dalla commissione o dalla cupola mafiosa. Da esecutore era stato promosso a mandante.

Con Totò Riina era legato a filo doppio e fino a poco prima dell'inizio dell'epoca delle stragi condivise l'opzione militare del capo.

Secondo il pentito Giuffrè, quando Riina e Provenzano «erano in disaccordo non si alzavano dal tavolo se prima non avevano trovato una soluzione».

Quindi egli avallò, da buon subordinato, la politica militare di Riina anche se personalmente non vi prese parte.

Ma forse fu il primo a rendersi conto che il capo dei capi stava portando tutta l'organizzazione verso la totale sconfitta. E alla fine manifestò la sua dissociazione dalla strategia di Riina con un gesto apparentemente innocuo, normale, ma che dovette avere un clamoroso impatto su chi quel gesto seppe bene interpretare.

Il 5 aprile 1992, una domenica, a Corleone si rivedono per le strade, dopo anni e anni di ignota permanenza altrove, la compagna di Provenzano, Saveria Benedetta Palazzolo, e i figli Angelo, di sedici anni, e Francesco Paolo, di nove.

"Perché Binnu ha fatto rientrare in paese i suoi familiari?" si domandano tutti.

La risposta l'avranno quando, il 23 maggio, a Capaci il giudice Falcone salterà in aria con la moglie e la scorta.

Quel rientro era indubbiamente un messaggio, ma il messaggio venne letto in due modi diversi: il primo, quello giusto, era che Bernardo Provenzano voleva far sapere a chi di ragione che lui metteva in discussione le stragi, non voleva entrarci, tant'è vero che aveva fatto rientrare la famiglia; il secondo, sbagliato, era che Provenzano era morto e sepolto perciò la famiglia poteva ritornare tranquillamente in paese, non avendo più da temere né ritorsioni né arresti.

E morto venne a lungo creduto. Il pentito Balduccio Di Maggio fece mettere a verbale, in un interrogatorio dell'8 gennaio 1993, che Provenzano era morto e sepolto.

Furono in molti a credere che avesse detto la verità e per qualche anno il nome di Provenzano fu cassato dall'elenco dei latitanti e non comparve più nemmeno nelle liste dei componenti della cupola redatte dalla polizia.

Successore naturaliter di Totò Riina (arrestato a Palermo il 15 gennaio 1993) come capo supremo della mafia, dopo la sconfitta della lotta armata intrapresa dai corleonesi prima contro i rivali e poi contro lo Stato, e dopo un breve e malsopportato interregno di Leoluca Bagarella, cognato di Riina, Provenzano seppe subito imporre, alternando fermezza a persuasione e mediando tra opposti pareri, la sua linea.

Niente più *scrusciu* sui giornali per ammazzatine, bombe, agguati.

Alcuni che lo conoscevano bene si stupirono di questo suo atteggiamento, il solito Giuffrè disse che nel 1993, appena uscito dal carcere, era andato a trovare Provenzano e l'aveva visto «riciclato, da battagliero che era, mostrava ora sintomi di santità».

Provenzano chiede e ottiene dalle famiglie mafiose un periodo di dieci anni di tranquillità, di sommersione, per poter risolvere i grandi problemi dell'organizzazione. L'intenzione è quella di ottenere, in un modo o nell'altro, l'abrogazione dell'ergastolo, la cancellazione dell'articolo 41 bis del codice penale (che prevede il cosiddetto carcere duro per i capi mafiosi), quella della legislazione sui pentiti e quella che consente la confisca dei patrimoni illeciti. Tutti gli affari vanno fatti e conclusi sempre con estrema discrezione, in silenzio, senza mai suscitare aperti e clamorosi contrasti. Tutto si deve svolgere in immersione, sott'acqua, quell'enorme sommergibile che è la mafia deve d'ora in avanti navigare a quota periscopio.

Divieto assoluto di usare le armi, dunque? Sissignori, niente più ammazzatine facili.

Provenzano, con questo divieto, torna all'antico, al codice della vecchia mafia. Chi scrive ebbe modo d'incontrarsi, un pomeriggio romano del 1949, con l'anziano capomafia agrigentino Nicola "Nick" Gentile, chiamato da tutti 'u zù Cola, e di parlare a lungo, e da solo, con lui. Era un vecchio ben vestito, curato, grande affabulatore, sottilmente ironico. Qualche anno dopo darà alle stampe un libro di memorie americane, Vita di capomafia, scritto col giornalista Felice Chilanti. Quel giorno, chiamandomi sempre duttureddru, dottorino, mi spiegò chi era un mafioso e come agiva.

«Duttureddru, se io entro qua e vossia ha in sacchetta una pistola che mi punta contro mentre io sono disarmato e mi dice: "Cola Gentile, inginocchiati!", io che posso fare? M'inginocchio. Questo però non significa che vossia è un mafioso perché ha fatto inginocchiare a Cola Gentile. Vossia è un cretino con una pistola in mano. Ora vengo io, Nicola Gentile, disarmato, qua dentro. Io le dico: "Duttureddru, guardi che mi trovo in una certa situazione... Devo chiederle d'inginocchiarsi". Lei dice: "Ma perché?". E io glielo spiego. Glielo spiego e riesco a persuaderla che vossia si deve inginocchiare per la pace di tutti, nell'interesse comune.

Vossia si persuade, s'inginocchia e io sono un mafioso. Se vossia si rifiuta d'inginocchiarsi, io le devo sparare, ma non è che ho vinto. Ho perso, duttureddru.»

Commentando quest'incontro, da me raccontato in *Gocce di Sicilia* (Edizioni dell'Altana, Roma 2001), John Dickie scrive che Gentile "si sforza di presentarsi come qualcuno che ha sempre cercato la via della pace e della giustizia".

Ma è un grave errore di giudizio, perché Gentile non si sforza di presentarsi così, è invece profondamente convinto d'essere un uomo che ha sempre cercato la pace e la giustizia.

E ricorrere all'uccisione di chi non ubbidisce è quindi un'*ultima ratio* come afferma anche il procuratore Grasso nel libro-intervista con Francesco La Licata.

Però Provenzano qualche deroga, anche se non facilmente, la concede.

Narra il procuratore capo dell'Antimafia Piero Grasso:

Ricordo un racconto del pentito Giuffrè che descrive plasticamente l'assoluta sofferenza di Provenzano nel momento in cui deve concedere l'assenso per un omicidio, nel gesto di allargare le braccia e alzare gli occhi al cielo quasi a sottolineare che "se non se ne può fare a meno, sia fatta la volontà di Dio".

Si tratta però sempre di provvedimenti di giustizia interna, contro correnti frazionistiche o contro ex affiliati che vogliono agire autonomamente.

... del discorso Gela sono condeto, grazie a voi, perchè si tratta di Pace, che se ti ci soffermi umpò sopra, quando cosi mali si evitano...

Questa frase tratta da un pizzino datato 26 luglio 2001 sta a significare che nella lotta scatenatasi a Gela e altrove tra i mafiosi tradizionalisti e i nuovi mafiosi della *Stidda* – un'organizzazione presente soprattutto nella zona di Gela e nell'agrigentino che si opponeva alla mafia storica –, naturalmente previo consenso di Provenzano, tutto si era risolto a favore dei primi. C'era scappato qualche morto, ma l'ordine era tornato finalmente a regnare a Varsavia. E Provenzano non poteva che esserne *condeto*.

Ma sull'ammazzare rimase, in genere, sempre contrario. Quando il mafioso Benedetto Spera dimostrò d'avere il grilletto troppo facile nel suo mandamento e, come dichiarò Giuffrè, «questo modo di camminare con le scarpe chiodate cominciava a fare rumore e a disturbare certi ambienti», Provenzano non volle perdere tempo. Appena ebbe modo d'incontrare Spera in presenza di altri gli disse solamente: «Vedi che io governo con la testa mia». Vale a dire: t'avverto che tu devi agire come voglio io che sono il capo. E Spera cambiò immediatamente modo d'agire, adeguandosi.

Ai magistrati che lo interrogarono Giuffrè ha raccontato che Provenzano teorizzò, con molta saggezza, che prima di procedere in modo definitivo contro qualcuno è bene considerare se questo qualcuno può fare più danno da vivo o da morto. Se può fare più danno da vivo, che si proceda pure; se invece può fare più danno da morto (nel senso che la sua morte potrebbe provocare vendette, strascichi, scissioni interne e anche una reazione da parte dello Stato, che a volte trasforma agli occhi dell'opinione pubblica le vittime in eroi) allora è meglio soprassedere.

Nota bene: in tutti i pizzini conosciuti di Provenzano il verbo ammazzare (o il siciliano *astutare* che significa spegnere), e i sinonimi uccidere, assassinare, sopprimere, non compaiono mai.

AMORE. "Non desiderare la donna d'altri" è di certo il comandamento più rispettato (e fatto rispettare) dai mafiosi.

Un vero mafioso resta per tutta la vita fedele alla donna che ama, sia che l'abbia sposata, sia che con lei conviva. È un punto d'onore assoluto, irrinunciabile.

Un mafioso che tradisce la moglie è un uomo senza qualità, del tutto inaffidabile, una banderuola al vento.

Tutti ricordano il tono di disprezzo usato da Riina e la sua espressione disgustata nei confronti del pentito Tommaso Buscetta quando lo definì, durante un processo ripreso dalla TV, «un fimminaru, un omo ch'avi tanti fimmine».

Aveva tante donne pur essendo maritato, dunque era una sottospecie d'uomo, meno di un quaquaraquà.

Sempre in quello stesso processo, l'avvocato difensore di Riina si spinse ad affermare che Buscetta era stato espulso da Cosa Nostra perché aveva troppe donne. Al che il pentito replicò: «Se vogliamo aprire il libro delle cose private, io sono pronto».

L'avvocato, come scrive Francesco La Licata,

> fece precipitosa marcia indietro, avendo intuito che Buscetta conosceva un retroscena segreto che lo riguardava: qualche anno prima Cosa Nostra avrebbe voluto ucciderlo perché aveva intrattenuto una relazione con la moglie di un suo assistito. "Colpa" per cui è prevista la pena capitale.

Quindi la regola che la relazione di un mafioso con la moglie di un altro mafioso in carcere può essere punita con la morte vale anche per gli avvocati dei mafiosi.

Naturalmente avere un figlio gay rappresenta una vergogna assoluta, una situazione insostenibile per un mafioso, in genere il figlio omosessuale viene allontanato dalla famiglia e dalla città nella quale vive e opera il padre.

Quindi un mafioso gay è impensabile, sarebbe cosa contro natura.

Sui rapporti adulterini, però, si danno casi nei quali si chiude un occhio.

Il mafioso Francesco Marino Mannoia (lo racconta Grasso nel libro-intervista con Francesco La Licata) si era sposato con la figlia del boss Pietro Vernengo. Poi gli capitò d'innamorarsi di un'altra donna e di avere da lei una figlia.

Allora andò dal suocero e gli disse che voleva separarsi dalla moglie «per mettersi a posto con l'altra». Ma il boss Vernengo gli rispose che il divorzio non era contemplato da loro e che una donna separata non era più considerata onesta. Perciò, concluse, «lascia tutto come si trova, fa' quello che vuoi, ma la sera torna a dormire a casa».

Però, quando Marino Mannoia sarà arrestato e diventerà un collaboratore di giustizia, Vernengo – dice Grasso – sarà costretto a mutare la sua morale e le convinzioni sull'indissolubilità del matrimonio, inducendo la figlia a chiedere il divorzio. Meglio tradita e divorziata che moglie di un pentito.

Un altro caso significativo è quello della moglie di Giovanni Motisi, detto 'u pacchiuni, il ciccione. Motisi è latitante da anni e sua moglie Caterina Pecora, giovane figlia di costruttori in odore di mafia, ormai esasperata dalla sostanziale vedovanza, vorrebbe potersi ritenere libera e divorziare: ma il permesso le viene a lungo negato. «Nelle nostre famiglie queste cose non si usano» dice Nino Rotolo, uno dei capi mandamento più autorevoli a Palermo, in contatto diretto con Provenzano. Rotolo però, a distanza di qualche anno, ci ripensa e fa questo ragionamento: «Una sorella [di Caterina Pecora] ha buttato fuori il marito e si è messa l'innamorato dentro, e l'altra forse pure. Sono due sorelle che hanno sbagliato». Dunque l'onore familiare è già gravemente compromesso, e a questo punto anche Caterina potrà divorziare. Il disonore ormai conclamato legittima l'infrazione della regola!

Ma i tradimenti coniugali restano rare eccezioni.

Anche se pare che negli ultimi tempi quel generale rilassamento dei costumi morali, che con tanta preoccupazione viene segnalato da più parti, abbia cominciato a toccare anche la mafia, incrinando la ferrea legge della fedeltà coniugale.

Ma Giuffrè è così legato alla moglie che, quando viene arrestato e non può più vederla con la frequenza che vorrebbe, si decide a collaborare con la giustizia anche per poterla nuovamente incontrare.

È noto che quando il feroce Leoluca Bagarella, tornando a casa da un breve viaggio, trovò la moglie che si era impiccata, scoppiò in un pianto inconsolabile. La donna si era suicidata, come in una piccola, borghese tragedia greca, perché suo fratello aveva cominciato a collaborare con la giustizia e quindi si era messo contro il marito.

Provenzano non è maritato con la donna che gli ha dato due figli, ma quando, dopo l'arresto, i PM gli hanno chiesto se era sposato, ha risposto: «Nella mia coscienza, sì».

I pizzini che la signora Saveria manda a Provenzano cominciano quasi sempre allo stesso modo: *Vita mia*, e terminano con *Vita, ti abbraccio fortissimo*. Certe volte lo chiama *Amore*.

Non sono parole a vuoto, espressioni consuete prive di sentimento. Quei pizzini trasudano amore vero, devozione autentica. E lo stesso è per Provenzano.

In certe notti, i poliziotti in ascolto con una microspia sentono la signora Saveria che piange nel suo letto.

ANTIMAFIA. Qui non ci si intende riferire alle Commissioni antimafia istituite dal Parlamento, bensì a quelle pubbliche manifestazioni che, di tanto in tanto e sempre più straccamente, vengono indette da intere cittadinanze, da libere associazioni, da commercianti antipizzo, da consigli comunali eccetera in occasione di particolari ricorrenze di stragi o di eventi luttuosi rilevanti dovuti alla mafia.

Naturalmente, nel periodo della lotta armata voluta da Riina tali manifestazioni spontanee erano di estrema intensità emotiva (soprattutto in occasione dei funerali di vittime della mafia), ma erano destinate a calare di tono e di frequenza non appena cessava la ventata d'orrore e di sdegno e subentrava un periodo di bonaccia.

Negli ultimi anni del regno di Provenzano si cominciò a constatare un fenomeno alquanto singolare. Ci furono delle manifestazioni alle quali scopertamente parteciparono persone che le forze dell'ordine sapevano colluse o quanto meno vicine alla mafia. Com'era possibile?

Una volta ciò sarebbe stato impensabile. Qualsiasi contatto con uomini delle istituzioni o con singoli cittadini in qualche modo apertamente ostili alla mafia doveva essere accuratamente evitato dal mafioso. Era proibito persino rivolgersi a un giudice, anche civile, per dirimere una questione legale privata.

Poi si arrivò al colmo. Il consiglio comunale di un paese siciliano indisse una solenne manifestazione antimafia nel corso della quale premiò un noto attore che aveva sostenuto il ruolo di un coraggioso capitano dei carabinieri (realmente esistito) in una fiction televisiva che aveva intenti antimafiosi. Ma, appena una settimana dopo, l'intero consiglio comunale venne disciolto perché mafioso.

Si scoprì così che quella manifestazione (come altre) era avvenuta previo *placet* di Provenzano.

Ma perché aveva concesso il permesso con tanta magnanimità? Si sarà ricordato della frase di un capomafia storico, don Calò Vizzini?

Nel 1948 una fervente e coraggiosa socialista fiorentina, Bianca Bianchi, mandata in Sicilia dal suo partito, s'intestò a tenere un comizio a Villalba, il paese dov'era nato e dove abitava don Calò. Lì la quasi totalità dei voti andava alla DC, non si trovavano né un liberale né un comunista a pagarli a peso d'oro. Quel "quasi" era dovuto al fatto che alla DC venivano a mancare costantemente i quattro voti di altrettanti irriducibili monarchici che don Calò amabilmente tollerava.

I compagni della Bianchi impallidirono. Certamente tornò alla loro memoria quello che lì era successo il 16 settembre 1944, quando Girolamo Li Causi, comunista e strenuo combattente antimafioso, ebbe il coraggio di andarvi a tenere un comizio accompagnato dal professor Gino Cardamone, da Michele Pantaleone e da una trentina di minatori.

Don Calò aveva fatto loro discretamente sapere che avrebbe tollerato il comizio a patto che non venissero trattati argomenti a lui sgraditi. Quali, è facile immaginare. Don Calò si era sistemato in mezzo alla piazzetta, circondato da un manipolo dei suoi, i contadini avevano avuto invece l'ordine di non farsi vedere. Per primo parlò il professor Cardamone il quale, prudentemente, si limitò a dissertare sulle repubbliche democratiche nel Medioevo. Don Calò fece la faccia soddisfatta. Poi venne il turno di Pantaleone che polemizzò coi separatisti. Infine toccò a Li Causi che entrò subito, e con violenza, in argomento: la mafia. Aveva appena cominciato, che le campane della chiesa coprirono le sue parole (il parroco era fratello di don Calò) e si sentì la voce di Vizzini: «Non è vero!». Doveva trattarsi di un segnale perché i mafiosi cominciarono a sparare e Li Causi venne ferito a una spalla. Pantaleone se lo trascinò via sparando anche lui, ma in aria.

Quindi, memore dell'episodio, qualche socialista, temendo il peggio, fece avvertire discretamente don Calò dell'intenzione della Bianchi, e questi rispose che la signora poteva venire in tutta tranquillità a tenere il suo comizio. La Bianchi, quando s'affacciò al balcone dal quale doveva parlare, di certo ebbe una leggera vertigine: la piazza era stipata di folla plaudente, c'era un tripudio di bandiere rosse. Le sue parole suscitarono un entusiasmo tale da farle venire le lacrime agli occhi. Venne accompagnata alla macchina, che al termine del comizio la riportava a Palermo, mentre stringeva al petto un enorme mazzo di rose rosse gentilmente offerto da don Calò. A chi domandò al boss ragioni del suo gesto, egli rispose: «In primisi, pirchì era una fimmina; in secundisi, pirchì le paroli, stringi stringi, non portano danno».

E infatti, alle successive elezioni, rivinse la DC con la quasi totalità dei voti. Mancavano i soliti quattro monarchici. E nessun voto andò ai socialisti.

Forse Provenzano si sarà ricordato che, stringi stringi, le parole non portano danno.

ARGOMENTO. Provenzano, per trattare i suoi affari e dare disposizioni nella sua condizione di latitante braccato, era costretto a servirsi di due o tre fidatissimi intermediari i quali ricevevano le sue dettagliate istruzioni attraverso i pizzini.

Poiché la corrispondenza in arrivo e in partenza poteva essere recapitata solo dopo una lunga serie di precauzioni depistanti, per cui un pizzino inviato a pochi chilometri di distanza impiegava tre o quattro giorni ad arrivare a destinazione passando per le mani di diversi corrieri, andava a finire che le cose da trattare in ogni pizzino s'affollavano, diventavano tante.

Perciò, secondo un metodo tipico della sua testa di *raggiuneri*, Provenzano titolava con *Argomento* ogni specifico problema da trattare in uno stesso pizzino.

Ogni argomento concerneva quindi una sola questione e certe volte veniva perfino contrassegnato da un numero d'ordine.

Si intuisce che il sogno di Provenzano sarebbe stato quello di scrivere un pizzino per ogni argomento, specificandolo con "oggetto" e debitamente protocollandolo, e di ricevere a sua volta pizzini tipo: "In risposta alla pregiata vostra del 23 marzo c.a., prot. n° 654/B...".

Non si trattava solo di vocazione alla burocrazia (che è un tratto proprio di tutti i grandi criminali), ma considerato che gli affari della mafia sono tanti e tali, e che le persone con le quali si viene a contatto non rifulgono per onestà, Provenzano non poteva mettersi a rischio di creare equivoci e confusioni dando disposizioni affastellate, aggrovigliate, sovrapponibili.

E così, massima chiarezza:

Argomento puntamento.

Argomento: ho ricevuto 13 ml...

5) Argomento Signori Libreri...

1) Argomento. Ho ricevuto la risposta...

Altro Argomento

Argomento riguardo al discorso...

Come si vede, Provenzano adoperava solo qualche variante nei titoli.

Siccome teneva copia dei pizzini che inviava, suo sommo cruccio era quello di dover constatare che certe volte colui che gli scriveva in risposta aveva saltato qualche argomento elencato nel suo particolareggiato pizzino.

La mancata risposta, oltre a creargli disordine, doveva procurargli una sottile inquietudine.

E se la risposta non gli era stata data non per dimenticanza o per qualche contrattempo, ma solo perché lo volevano imbrogliare? Oppure qualcuno quella determinata questione voleva risolverla a modo suo senza discuterne con lui?

Allora, con una pignoleria degna di un impiegato dell'erario, riscriveva:

Riprendo l'argomento...

La sua compagna Saveria, pur scrivendogli un pizzino del tutto personale, s'adeguava sempre al metodo:

Carissimo amore mio, con il volere di Gesù Cristo ho ricevuto il tuo scritto e leggo che stai bene. Così ti posso dire di noi. Amore, 1 Argomento Paolo. Ancora questa donna non viene...

Anche suo figlio, quando gli inviava qualche lettera, divideva il contenuto per argomenti.

ARMI. La lupara, che è un fucile a canne mozze caricato a pallettoni per ammazzare i lupi (onde il nome), è stata l'arma-simbolo della mafia. Aveva il vantaggio di poter essere nascosta sotto un mantello o un cappotto o addirittura sotto il lungo saio indossato, in occasione delle feste religiose, dagli appartenenti alle varie confraternite di devoti.

Poi l'arma d'elezione è diventata il kalashnikov.

Ingombrante e pesante, è vero, ma con una capacità di fuoco da farne un vero e proprio *arrusciaturi*, un innaffiatoio. Venne testato a Palermo. Una notte ignoti spararono alcune raffiche di kalashnikov contro la vetrina blindata, ma vuota, di una gioielleria, che andò in frantumi. Segno che i proiettili di quel mitra avevano una forza di penetrazione senza uguali.

Col procedere dell'evoluzione, la mafia si servì anche di automobili esplosive, di bombe, di tritolo e di altri esplosivi più elaborati provenienti dai paesi dell'Est.

È da notare che tutti i capimafia, al momento del loro arresto, erano sprovvisti di armi. Volevano forse distinguersi dai briganti che in genere giravano armati e ingaggiavano conflitti a fuoco con le forze dell'ordine.

Negli anni del bandito Giuliano, lo Stato inviò in Sicilia il colonnello dei carabinieri Ugo Luca a capo del CFRB (Comando forze repressione banditismo). In breve divamparono i conflitti a fuoco e regolarmente i banditi vi trovavano la morte. Ci fu allora chi sospettò che quelle morti fossero esecuzioni a freddo: il banditismo siciliano aveva goduto di alte protezioni politiche, e i morti, come si sa, non parlano. Un giornale dell'Isola pubblicò una vignetta che rappresentava la Sicilia fittamente cosparsa di croci. Il titolo, parafrasando Dante, così recitava: "Ove non è che Luca".

Quando venne arrestato Pisciotta, braccio destro del bandito Giuliano, il capo della polizia dichiarò, in polemica col generale Luca: «*Noi* li prendiamo vivi». Salvo poi trovare qualcuno che provvide ad avvelenare Pisciotta in carcere.

L'appartamento palermitano dove viveva da latitante Totò Riina non poté mai essere perquisito per un equivoco (!) tra la Procura e i carabinieri che l'avevano arrestato.

Quando finalmente vi entrarono, non trovarono niente. La mafia, dopo essersi portata via l'archivio, aveva accuratamente imbiancato le pareti. Ma si può esser certi che in quell'appartamento non c'era nessuna arma. Come non ce n'erano nella masseria di Provenzano.

BERNARDO, SAN. Tra tutti i ringraziamenti a Dio, alla Madonna, a Gesù Cristo che si trovano nei pizzini, manca qualunque accenno a san Bernardo, del quale oltretutto Provenzano portava il nome.

Eppure, pur essendo da lui ignorato, san Bernardo un generoso tentativo di grazia glielo fece.

Quando il vicequestore Renato Cortese e i suoi uomini intuirono, senza averne però la certezza, che Provenzano poteva trovarsi nella masseria di Giovanni Marino a Montagna dei Cavalli, riuscirono con molte difficoltà, ora fingendosi cercatori di funghi, ora operai della forestale, ora tecnici delle linee telefoniche, a installare su una collina a un chilometro di distanza dalla masseria una telecamera a raggi infrarossi alimentata da batterie nascoste sottoterra, che bisognava spesso cambiare.

Senonché la postazione si rivelò infelice in quanto il campo visivo della telecamera risultò quasi del tutto coperto da una grande statua di san Bernardo che sorgeva nei pressi.

Prima che la telecamera venisse rimossa e riposizionata senza destare sospetti dovettero passare alcuni giorni.

Provenzano avrebbe potuto approfittare di questo lasso di tempo nel quale la masseria non poteva essere sorvegliata per scapparsene andandosi a trovare un nuovo rifugio. Ma non approfittò del piccolo miracolo che san Bernardo gli stava offrendo.

E allora il santo, deluso, lasciò fare, anzi si prestò, forse offeso, a che la telecamera venisse questa volta collocata addirittura sopra la statua stessa.

Bibbia. Nella masseria di Montagna dei Cavalli l'unica lettura di Provenzano era una copia della Bibbia delle Edizioni Paoline.

Essa è piena di sottolineature ed è molto consumata, segno evidente di consultazioni assidue, quotidiane.

La prima sottolineatura la si ritrova già nell'introduzione al volume:

La perseveranza nella pratica del bene.

E Provenzano la parafrasa in un pizzino:
Preghiamo il Nostro buon Dio, che ci guidi, a fare opere Buone. E per tutti.

Però bisogna fare a capirci.

Per *opere buone* Provenzano non intende elargizioni a orfanotrofi o a ospizi per derelitti e meno che mai invio di sostanziosi contributi ai padri comboniani o alle organizzazioni di volontariato. No, egli si riferisce ai buoni affari, al continuo afflusso di denaro nelle casse della mafia e alla sua equa ripartizione.

D'altra parte, sempre per restare nel campo della fede, l'esempio gli veniva dall'alto. Non esisteva un Istituto per le opere religiose (IOR) che intendeva le opere religiose in modo a dir poco singolare?

Nella Bibbia di Provenzano, il testo più letto e sottolineato tra tutti quelli che compongono il Vecchio Testamento è il libro dei Numeri.

E già subito per gli investigatori, ad apertura di pagina, questa preferenza di Provenzano dovette apparire assai sospetta. Era almeno inconsueto che uno come Provenzano leggesse il Vecchio Testamento, che non è frequentato dalla stragrande maggioranza dei siciliani i quali, semmai, hanno qualche conoscenza dei Vangeli perché di parte di essi si dà lettura nel corso della messa.

Il primo capitolo dei Numeri, tra l'altro, s'intitola "Censimento dei guerrieri per tribù". Vuoi vedere, si saranno detti gli investigatori, che in realtà la Bibbia serve a Provenzano come un grande cifrario che potrebbe rivelare, se decrittato, i nomi dei mafiosi, dei loro complici, dei loro occulti sostenitori?

Ormai, per avere intercettato numerosi pizzini, sapevano che Provenzano aveva "numerato", secondo un criterio sconosciuto, i suoi collaboratori e solo col loro numero li citava. Non era possibile perciò che nel libro dei Numeri si nascondesse quella chiave che avrebbe potuto cambiare in nomi e cognomi quelle che erano state fino ad allora incomprensibili sfilze di numeri?

Palazzolo e Prestipino fanno notare che la formula di commiato di ogni pizzino, *Il Signore vi benedica e vi protegga*, è tratta proprio dal libro dei Numeri, capitolo 6, versetto 24.

È vero, ma non si tratta solo di una semplice formula di commiato, è qualcosa di più.

Basta cominciare a leggere dal versetto 22 per capire:

Parlò ancora il Signore a Mosè, e disse: «Dirai ad Aronne e ai suoi figlioli: "Così benedirete i figli d'Israele dicendo loro: 'Il Signore ti benedica e ti custodisca'"».

Usando quella formula, in realtà Provenzano benedice direttamente i suoi, come farà Aronne, non intercede presso il Signore perché sia lui a benedire. C'è una bella differenza.

Naturalmente Provenzano frequentava anche i Vangeli, con una certa preferenza per quello di Luca.

Un giorno ne trascrisse un lungo brano e lo mandò al fido Pino Lipari, che in quel tempo era in carcere. Ex geometra ANAS, Lipari divenne uno dei più ascoltati consiglieri di Provenzano e fu per lunghi anni amministratore dei suoi beni. Il brano di Luca terminava così:

L'uomo buono trae fuori il bene dal buon tesoro del suo cuore; l'uomo cattivo dal suo cattivo tesoro trae fuori il male, perché la bocca parla dalla pienezza del cuore.

Dicono che Pino Lipari si commosse, avendo interpretato quelle parole come: "So che tu di me non dirai mai male".

Un po' meno si commosse la signora Marianna, moglie di Pino Lipari, che della santità di Provenzano non era del tutto convinta, tanto d'averlo soprannominato, assai poco rispettosamente, *Santa Brigida*.

La signora sapeva che se Provenzano si fosse deciso a costituirsi suo marito non avrebbe più subìto le pesanti pressioni degli investigatori.

E un giorno, andandolo a trovare in carcere, sbottò: «Se Santa Brigida fosse uomo coi coglioni a presentarsi, a dire "qua sono io"... e liberare i padri di famiglia!».

Dietro sua pressante richiesta, in carcere Provenzano è stato rifornito di una Bibbia.

Ma non è quella sua, quella con le sue sottolineature, e lui se ne lamenta e protesta.

CICORIA. Diversi pentiti ricordano, parlando degli anni Ottanta, che Provenzano era una buona forchetta. E tutti dovevano esserlo, perché nella mafia erano frequenti le riunioni conviviali nelle quali si stabilivano patti e alleanze, si decidevano eliminazioni, si elaboravano nuovi affari. E delle occasioni conviviali egli non mancava d'approfittare per dare avvertimenti generici o specifici che talvolta atterrivano i presenti.

Come quella volta che, andati tutti i capimafia a farsi una bella mangiata di pesce (per la precisione, al Gambero Rosso di Mondello, ed erano tutti latitanti!), Provenzano, sentendo che alcuni dell'allegra brigata prendevano in giro Filippo Marchese perché aveva un pancione, disse rivolto ad Antonino Calderone: «Quella grossa pancia gli permette di tenersi tutto dentro». E Calderone sudò freddo, capì che Provenzano lo stava rimproverando perché aveva riferito ad altri una confidenza fattagli da Totò Riina.

L'ultima volta che i capi della cupola si riunirono a tavola avvenne il Natale che precedette le uccisioni di Falcone, Borsellino e di tutti quelli che erano con loro. La riunione si svolse a Mazara del Vallo, però Provenzano fece solo atto di presenza. Andò a Mazara ma non partecipò al pranzo, preferì andarsene in giro per la città in motorino.

Un segnale per tutti della sua passiva accettazione della strategia stragistica voluta da Riina?

Dai pizzini inviati a Giuseppe Russotto, ad Angelo Tolentino e ad Antonio Episcopo, che erano in un certo senso i fornitori della Real Casa, si viene a sapere che nel lungo periodo di latitanza campestre Provenzano si faceva comprare pasta e carne. Quindi si nutriva abbastanza normalmente.

Nella masseria di Montagna dei Cavalli, in cucina, venne rinvenuto un libretto di ricette per mangiar sano. Quando faceva qualche ristrettissima riunione, a cuocere la carne era addetto La Barbera, che gliela preparava al sangue e con pochissimo sale. Poi qualcuno dei presenti lavava i piatti.

Era goloso di miele di gran qualità. Tolentino una volta ne raccoglie quarantasei barattoli, sei li tiene per sé e il resto glielo invia.

Molti suoi pizzini riguardano la cicoria.

"Mangiare pane e cicoria" è un detto che, nell'uso comune, significa essere poveri oppure sapere contentarsi oppure ancora trattenersi per non dare ombra a qualcuno (in quest'ultimo senso lo usò un noto uomo politico). Alcuni giornalisti, quando seppero che Provenzano mangiava cicoria, pensarono che lo facesse per curarsi i disturbi alla prostata. E, in effetti, forse Provenzano non sapeva che la cicoria non è indicata per quella malattia, anzi.

Un alto magistrato addirittura volle interpretare la cicoria come segno di "etica mafiosa". Cioè a dire: Provenzano, mangiando pane e cicoria, intendeva dare un esempio di rigore e di continenza ai suoi. Ipotesi quanto meno azzardata perché, come si è visto, Provenzano mangiava anche ottima carne cotta al sangue.

Provenzano voleva la cicoria semplicemente perché ne era ghiotto. Preferiva la cicoria selvatica, che è molto amara, e che un tempo si raccoglieva liberamente nei campi. E lui chissà quante volte l'avrà fatto, da giovane.

... se potesse trovare il punto dove la porta la terra questa cicoria, e se potesse fare umpò di seme, quando è granata, e me la conserva? Ti può dire che la vendono in bustine, nò nonè questa allo stato naturale che conosciamo. Io volessi questa naturale il Seme.

Ha ragione da vendere a rifiutare quella in bustine e a volere il seme, in modo da poterlo piantare nelle vicinanze del suo covo. Perché dato che i pacchi viveri, come i pizzini, dovevano fare lunghissimi giri prima di essergli consegnati, la cicoria che gli mandavano sicuramente gli arrivava appassita, immangiabile.

Il curatore del presente dizionario, che anche lui sogna la cicoria selvatica, capisce e compatisce.

CIFRARIO. I pizzini in partenza, in un primo tempo, recavano il nome del destinatario nell'angolo inferiore destro del foglio e in posizione capovolta in modo che, dopo i diversi piegamenti, "fino all'inverosimile", esso venisse a trovarsi all'esterno del messaggio definitivamente sigillato.

Naturalmente il nome del destinatario non era in chiaro, ma in codice. Codice in fin dei conti abbastanza ingenuo perché non era altro che una sigla ricavata da lettere che concorrevano a formare il nome e il cognome del destinatario.

Per esempio, Antonino Rotolo era NN, dall'abbreviazione del nome, Nino.

Ma dopo un certo tempo, Antonino Cinà avverte il collega Antonino Rotolo che Provenzano ha deciso di cambiare cifrario. Troppi Antonini in giro a far nascere possibili pericolosi equivoci? «D'ora in poi» avverte Cinà «non fai più NN.»

E difatti Provenzano gli assegna un numero, il 25. Lo stesso Antonino Cinà diventa il 164.

Tutti i mafiosi più vicini a Provenzano o i destinatari abituali dei suoi pizzini ricevono un numero d'identificazione. Essi conoscono il proprio numero e quello di alcuni altri, ma non conoscono il criterio seguito da Provenzano nell'assegnazione dei numeri. Quando a loro volta scrivono a Provenzano, il numero personale diventa un preciso segno di riconoscimento.

I numeri assegnati vanno dal 2 al 164. Il numero 1 Provenzano lo destina, com'è naturale, a se stesso.

Mentre Provenzano scrive sempre a macchina, i suoi interlocutori usano la macchina, la penna e anche il computer. Poco prima che la polizia facesse irruzione nella villa di Rotolo, si intercettò una conversazione tra lo stesso Rotolo e Cinà.

«Tu lo scrivi a mano?» domandava Rotolo riferendosi alla scrittura dei pizzini diretti a Provenzano.

«A stampatello» rispondeva l'altro. E continuava: «Però io mi metto i guanti quando scrivo. Per non fare le impronte, hai capito?».

Ai guanti c'era abituato, Cinà, dato che era un medico.

Ma alla prima identificazione gli investigatori non arrivarono attraverso le impronte digitali, bensì attraverso una perizia calligrafica: il numero 123 corrispondeva a Carmelo Gariffo (scriveva a penna e in corsivo), il nipote prediletto di Provenzano, che era troppo prodigo di notizie familiari nei suoi pizzini allo zio. Un suo pizzino, messo a confronto con i fogli che lui stesso aveva scritto e firmato all'ufficio matricola del carcere Ucciardone, gli riuscì fatale.

Con pazienza e tenacia gli investigatori riuscirono a capire che il numero 30 corrispondeva a Salvatore Lo Piccolo, il 31 a suo figlio Sandro, il 121 a Filippo Guttadauro che era il cognato di Matteo Messina Denaro. Il quale però non aveva un numero di riconoscimento, i suoi pizzini erano firmati *Alessio*.

Non è stato ancora possibile identificare tutti i numeri.

Ad esempio il numero 60, che la settimana successiva al suo arresto Provenzano avrebbe dovuto incontrare. Si è capito finora che, oltre a portargli i pizzini, questa persona si occupava delle sue cure mediche, era un dottore o un infermiere.

Ma il segreto del codice numerico non è stato fino ad oggi violato.

Qual è il suo personale libro dei Numeri nella mai pubblicata Bibbia mafiosa?

COMANDO. Il segno tangibile del comando di Riina è la scia di cadaveri che lascia al suo passaggio, viceversa la scia di cadaveri che anche Provenzano lascia dietro di sé è in un certo senso il segno della subalternità. Prima come killer agli ordini di Liggio e poi come aiuto e consigliere del numero uno Riina.

Ma quando assume il comando di tutta la mafia, così come cambia il sistema di gestione cambia anche il segno visibile del comando.

Il vero potere non consiste più, per lui, nel dare ordini (una volta li dava e chi non li seguiva o sbagliava a eseguirli pagava spesso con la vita), ma nel portare a conoscenza, nel far sapere, nel comunicare un suo giudizio, una sua impressione.

Basta una semplice indicazione e chi la riceve sa che equivale a un ordine.

Scrive, per esempio, a Giuffrè:

Tempo fa mi hai parlato Dell'Avv. Bevilacqua, non ri-

gordo bene, il perché, me ne hai parlato. Ho avuto noti-
zie, che è una brava persona. E te lo sto comunicando.

Sembra un'innocentissima e trascurabile risposta a una richiesta d'informazioni. La questione appare talmente secondaria che Provenzano, aduso a tenersi sempre l'archivio sotto mano, asserisce invece di non *rigordare* bene il perché Giuffrè gli avesse chiesto informazioni su quella persona. Che è risultata essere *una brava persona*.

Se quel pizzino fosse caduto nelle mani degli investigatori, l'avvocato Bevilacqua non avrebbe avuto nulla da temere, non c'era niente che potesse comprometterlo. Anzi, Provenzano attestava ch'era una brava persona.

Ma quando si viene a sapere che l'avvocato Bevilacqua era in predicato per diventare capomafia nell'ennese, l'interpretazione del pizzino cambia completamente. Di certo Giuffrè aveva domandato l'autorizzazione a Provenzano per quella nomina, e Provenzano dopo pochi giorni con quel pizzino dava via libera.

L'avvocato Bevilacqua era *una brava persona* dal punto di vista della mafia, non dal punto di vista della gente perbene.

Ma ciò che più interessa in questo pizzino è la chiusa:

E te lo sto comunicando.

In questa frase, Palazzolo e Prestipino riconoscono l'essenza del comando di Provenzano.

Disporre senza che appaia un ordine. Spettava alla sensibilità mafiosa dell'interlocutore "coglierne la cogenza".

Perché accadeva che ogni parere di Provenzano, anche se espresso in risposta a domande di terzi, si tramutasse automaticamente in un ordine.

E Provenzano non tornava mai indietro da una decisione presa. Non aveva mai ripensamenti.

Non poteva sbagliare perché ogni decisione gli era costata lunghi ragionamenti, oltretutto nella convinzione, spesso e volentieri, di essere accompagnato e illuminato dalla volontà divina.

COPIARE. Spesso nei pizzini di Provenzano si trovano copie di lettere che gli sono state inviate e che lui a sua volta si fa un dovere di portare a conoscenza di altri:

Ho ricevuto la risposta che ti copio

Ti copio risposta tuo figlioccio

Una variante di *ti copio* è *allego*:

Ti allego in diretta la risposta

Ma se allegava l'originale, di esso aveva fatto copia che religiosamente conservava.

È una necessità dovuta alla latitanza blindata, quando cioè Provenzano non è più in grado di indire riunioni per l'alto rischio che esse comportano.

Questa impossibilità di potersi parlare faccia a faccia favorisce il nascere degli equivoci, spesso voluti, e dei doppi giochi. Copiando lo scritto di uno che sostiene una cosa e inviandolo a un altro che sulla medesima cosa ha espresso parere diverso, Provenzano fa in modo che le reciproche opinioni siano chiaramente espresse come se i due stessero parlandosi direttamente in sua presenza.

Nessuno dei due quindi potrà affermare in seguito di essere stato frainteso. Carta canta.

E la decisione finale di Provenzano, tesa in genere a mediare tra due posizioni opposte, troverà solide basi proprio in quelle lettere portate a conoscenza dei due interlocutori.

Così facendo, Provenzano tagliava le gambe a eventuali *tragediatori*, cioè ai doppiogiochisti, i quali non avrebbero mai più potuto smentire quello che avevano scritto. *Verba volant, scripta manent.*

CORLEONESITÀ. Neologismo coniato dal procuratore antimafia Piero Grasso.

Quando il cerchio si sta stringendo attorno alla masseria di Montagna dei Cavalli, i poliziotti notano che Calogero Lo Bue, ormai individuato come corriere di Provenzano e perciò ininterrottamente sorvegliato, un giorno si ferma a parlare fittamente nei pressi di un abbeveratoio di campagna con un ultrasettantino.

Di quest'ultimo si viene a scoprire che è un vecchio e fidato amico corleonese di Provenzano. E che era stato proprio lui, tantissimi anni prima, a offrire a Provenzano un alibi che l'aveva salvato dal carcere.

Ora che l'amico appare in difficoltà, eccolo di nuovo pronto a prestargli il suo aiuto. I poliziotti lo vedono anche entrare nella masseria dove suppongono si trovi Provenzano.

Il nome dell'uomo è Bernardo Riina.

Bernardo come Provenzano e Riina come Totò.

Una sintesi perfetta di corleonesità, come giustamente nota Piero Grasso.

CROCE. Al momento dell'arresto Provenzano, oltre a essere circondato da immagini e statuette sacre, porta al collo alcune crocette, una di legno. Vale la pena di citare qui un "mimo" dello scrittore Francesco Lanza.

Un contadino di Nicosia aveva nella vigna un pero che non faceva né fiori né frutti, per quanto quello stesse a curarlo, potandolo e innestandolo. Dopo qualche anno di inutile attesa il contadino si stufò, pigliò l'accetta e dei rami ne fece legna da ardere. Il tronco invece lo lasciò dov'era, all'acqua e al sole. Ora, fagliando nella chiesa una statua di Cristo, quel tronco parve giusto giusto allo scultore appositamente ingaggiato. Il nicosiano gli dette il permesso di segarlo alla base e portarselo via. Lo scultore era bravo assai e la statua di Cristo, artisticamente intagliata, dentro la chiesa fece un bellissimo vedere, tanto che tutti i fedeli si fecero persuasi che un

Cristo così bello e somigliante non poteva non essere miracoloso. Un brutto giorno al nicosiano si ammalò gravemente il figlio e il contadino si precipitò in chiesa e cominciò a pregare rivolto alla statua: «Ricordati che io, quando eri pero, ti ho coltivato e fatto crescere, sono sempre stato io a portarti via i rami, io ad avere la bella pensata di lasciarti in mezzo al campo, io a cederti allo scultore. Insomma, se non era per me tu Cristo non lo saresti mai diventato, saresti rimasto un pero sterile come tanti ce ne sono da queste parti». Il Cristo non faceva zinga di stare ascoltando quelle preghiere, anzi pareva farsi sempre più distaccato via via che il poveretto lo supplicava. Finché al nicosiano vennero a dirgli che smettesse di pregare: suo figlio era morto. «Ahi» gridò allora battendosi la coscia «pero, non facesti mai pere e Cristo, manco fai miracoli!»

Resta da chiedersi da quale pero che non faceva pere erano state intagliate le croci che Provenzano portava sul petto.

DOTTORE. I latitanti mafiosi, a quanto risulta dai verbali di polizia e carabinieri, non hanno mai avuto problemi nel trovare un dottore che andasse a visitarli a domicilio. Medici specialisti, naturalmente: perché un boss latitante può, come ogni comune mortale, patire tanto di mal di denti quanto di coliche renali. E se si trattava di casi più gravi che necessitavano di ricovero in case di cura, non c'era che l'imbarazzo della scelta: cliniche accoglienti se ne trovavano quante se ne volevano. La polizia e i carabinieri certe volte venivano a sapere in quale casa di cura il boss era ricoverato, ma quando vi facevano irruzione apprendevano che il paziente, felicemente guarito, era stato dimesso qualche giorno prima. E scoprivano anche che il boss si era fatto ricoverare sotto falso nome, però presentando, spesso, documenti autentici.

Ma chi erano (e continuano a essere) questi dottori? Raramente si tratta di medici che hanno agito per, come dire, deontologia professionale: un ammalato, ai loro occhi, è solo un ammalato, e non un mafioso, un cardinale, un accattone. Più spesso, si tratta invece di medici collusi (sono assai più di quel che si immagini).

Negli ultimi pizzini di Provenzano la ricerca di specialisti fidati risulta in certi momenti spasmodica, dal momento nel quale gli venne diagnosticata (da chi?) l'ipertrofia prostatica. Poi uno di questi entrò stabilmente nell'entourage di Provenzano tanto da ricevere un numero di codice: il 60.

Doveva essere fidatissimo, perché era al corrente degli spostamenti di Provenzano e di tutti i suoi rifugi.

DROGA. L'importazione della droga e la sua lavorazione (Bagarella era bravissimo nell'organizzare raffinerie) costituì, fino alla cattura di Riina, una, se non la principale, fonte di arricchimento della mafia.

Ma il nome di Provenzano non emerse mai dalle indagini sul narcotraffico, nemmeno quando si scoprì quella vasta rete internazionale conosciuta sotto il nome di "Pizza connection". E questo fece nascere una scuola di pensiero, e cioè che Provenzano non era, per ragioni morali, interessato al traffico di droga.

Invece, come scrivono Palazzolo e Prestipino, si trattò di una madornale svista degli inquirenti.

Nel 1981 la squadra mobile di Agrigento intercettò alcune telefonate del capomafia Carmelo Colletti alla ditta ICRE di Bagheria, nelle quali Colletti chiedeva a Leonardo Greco se era arrivato il ragioniere e se i conti erano pronti. Certe volte, a rispondergli era personalmente il misterioso ragioniere. La polizia avrebbe dovuto insospettirsi, anche perché Colletti non svolgeva alcuna attività imprenditoriale. Poi Colletti venne assassinato e la sua vedova dichiarò che ogni volta che il marito andava alla ICRE di Bagheria tornava con «blocchi di banconote da 50.000 lire».

Si vede che il ragioniere saldava puntualmente i conti. Molti anni dopo, Angelo Siino spiegò che la ICRE era il centro nevralgico del più grande traffico di droga mai realizzato tra Sicilia, Svizzera, Turchia e Stati Uniti, e che il "ragioniere" era Bernardo Provenzano, incaricato della spartizione degli utili.

Allora si andarono a cercare negli archivi del tribunale le vecchie registrazioni delle telefonate tra Colletti e la ICRE. Sarebbe stato un bel colpo, poter sentire la voce di Provenzano. E poterlo incriminare anche di traffico di droga.

Invece le bobine erano sparite.

ELEGANZA. Quando la polizia perquisì la masseria di Montagna dei Cavalli dove Provenzano trascorse l'ultimo periodo della sua latitanza, vi trovò dentro, tra le tante altre cose, sette o più costosi pullover di cachemire, un paio di pantaloni blu d'ottima fattura e un altro paio di velluto che non doveva essere costato poco. Il tutto contenuto in un borsone da viaggio.

Insomma, si capì che c'era stato un tempo nel quale Provenzano si era vestito elegantemente. E il fatto venne confermato dal pentito Angelo Siino, uomo assai vicino al capo.

Provenzano, quando si nascondeva a Palermo, pur essendo ricercato dalla polizia ogni tanto si faceva accompagnare a passeggio per le vie principali della città e talvolta entrava nei negozi più eleganti per comprarsi un capo di vestiario che gli era piaciuto avendolo visto esposto in vetrina.

«In effetti vestiva costosamente» commentò Siino.

Certe volte che uscire da casa avrebbe potuto essere assai pericoloso, mandava a far compere proprio Siino.

«Diciamo che io un certo gusto l'avevo. Poi una volta vidi Provenzano con una giacca di quelle che avevo comprato io.»

Dunque non solo Provenzano si *vistiva bonu*, ma anche con una certa eleganza.

La cosa in genere suscita un certo stupore in quanto, non conoscendo nulla di lui se non una sbiadita fotografia vecchia di oltre quaranta anni e oltretutto riproducente solo il volto, facilmente si omologava la sua figura a quella di altri capimafia, a cominciare dallo stesso Riina, i quali, al momento della cattura, indossavano di solito abiti dozzinali, evidentemente comprati in un mercatino periferico e oltretutto non della misura giusta. Braghe lente, pantaloni a fisarmonica, giacche dalle maniche troppo corte o dalle spalle troppo larghe. Contadini a disagio dentro abiti cittadini. Al loro confronto, il pentito Buscetta poteva sembrare lord Brummel.

A confermarci che Provenzano, nel vestire, non fosse diverso dagli altri, concorsero inoltre le immagini della sua cattura che ce lo presentarono piuttosto trascurato nell'abbigliamento.

Quindi venire a sapere che una volta si vestiva diversamente stupì molti.

Ma i mafiosi erano tutti così trasandati nel vestire?

Proprio tutti, è da escludere. Alcuni di loro, Stefano Bontade per esempio, andavano spesso a Roma a trattare con politici di primissimo piano, intrattenevano rapporti personali con imprenditori e industriali, frequentavano locali e alberghi lussuosi. Quindi dovevano vestirsi adeguatamente.

Si sa di un uomo politico che quando gli presentarono Bontade a Roma non riuscì a trattenere un moto di meraviglia nel vedersi davanti un signore distinto e a modo. Bontade se ne accorse e all'uscita disse a un amico che l'accompagnava: «Chistu si cridia d'aviri a chiffari cu un fitusu».

Sicuramente Provenzano era dotato di un'eleganza naturale. E amava presentarsi vestito bene già da quando per conto di Liggio andava a fare l'esattore. Non voleva forse sembrare un morto di fame al quale veniva fatta l'elemosina.

E per un lungo periodo della sua vita, negli anni nei quali fu il protettore, il nume tutelare, degli affari miliardari del sindaco di Palermo Vito Ciancimino, addirittura dovette ostentare la sua eleganza, usarla come un'arma. Un'arma che invece di minacciare in certo qual modo rassicurava, lo faceva apparire come un uomo di mondo che sa comprendere, accettare, transigere.

Un imprenditore che non aveva mai conosciuto di persona Provenzano, ma che era perfettamente al corrente delle sue precedenti sanguinose imprese, che lo sapeva essere uno spietato killer, di certo subiva un immediato shock rassicurante nel vederlo così elegante, curato nella persona e, in apparenza, piuttosto accomodante.

Perché la strategia dell'apparire è stata sempre messa in atto con successo da Provenzano. Tra l'altro, l'erroneo giudizio dato da Liggio su di lui («aveva un cervello di gallina») può essere stato causato da un preciso e calcolato disegno di Provenzano: apparire meno intellettualmente dotato per scansare il rischio che poteva correre chi si mostrava troppo sveglio alla corte di Liggio.

Del resto La Fontaine, il creatore delle famose favole, non si presentava come un mezzo imbecille, e così era reputato, alla corte del re di Francia dove l'eccessiva intelligenza suscitava pericolose invidie?

Nel periodo della latitanza palermitana Provenzano era vestito da signore, nel secondo periodo amò travestirsi quasi da frate laico che teneva in nessun conto le cose mondane come l'attenzione per gli indumenti da indossare e portava sul petto ben in evidenza una grossa croce.

Perfettamente calato nella parte, inviava pizzini trasudanti umiltà.

E certe volte, congedando qualcuno che era andato a trovarlo, gli regalava un santino raffigurante Gesù crocefisso. A stento, forse, si tratteneva dal benedirlo.

Epifania. La voce non intende riferirsi alla festività religiosa, ma più semplicemente e laicamente al significato di apparizione, manifestazione.

Quando il vicequestore Cortese e i suoi per giorni e notti si stremano a osservare la masseria di Montagna dei Cavalli, sono come dei cani da caccia che fiutano la preda ma non la vedono. I poliziotti non hanno la minima certezza che quel cascinale sia abitato: la porta è sempre chiusa, le finestre sono sbarrate e di notte non lasciano passare un filo di luce. Ma se è disabitato, nel comportamento del proprietario, Giovanni Marino, che usa il capanno vicino come laboratorio per la lavorazione di prodotti caseari, c'è qualcosa di molto strano. Certe volte si mette vicino alla porta chiusa e si vede chiaramente che parla. Con chi? Col vento? Con gli uccelli? Col muro? Un'altra volta lo si vede salire su un muretto accanto alla masseria per orientare meglio un'antenna della televisione.

Ma a che serve un televisore ben funzionante se nella casa non c'è nessuno?

Poi, finalmente, la mattina dell'11 aprile, avviene un'epifania parziale. Marino esce dal suo capannone e si ferma davanti alla solita porta della masseria. La porta si apre quel tanto che basta perché dall'interno si protenda una mano che gli porge un pacchetto mentre la porta si richiude.

Una mano! Quella mano sta a significare che qualcuno vive lì dentro nascosto, e quel qualcuno è di certo Provenzano.

Ma è meglio attendere ancora, se la masseria dovesse rivelarsi un depistaggio andrebbe perduto il lavoro di anni e anni.

Poco dopo arriva davanti alla porta chiusa della masseria il vecchio Bernardo Riina con un sacchetto in mano, lo posa per terra e si mette a parlare con Marino. A un certo momento l'occhio della telecamera lo inquadra mentre entra all'interno della casa. Qualcuno gli ha aperto la porta. Stavolta non si è trattato di un'epifania, ma del suo inverso, di una sparizione.

È la conferma che qualcuno continua a essere dentro la masseria. Inoltre quel sacchetto è partito nel weekend precedente da casa Provenzano. E questo i poliziotti lo sanno.

Senza attendere oltre, il vicequestore Cortese, consultatosi con Giuseppe Pignatone, Michele Prestipino e Marzia Sabella, i magistrati responsabili delle ricerche di Provenzano, alle 10,30 ordina il blitz. Sfonda la porta, entra, riconosce subito Provenzano impietrito, gli scosta il fazzoletto dal collo per controllare se c'è la cicatrice descritta da tutti i pentiti e dice: «Lei è Bernardo Provenzano e la dichiaro in arresto».

Provenzano non reagisce, smarrito. Accanto a lui, il televisore continua a trasmettere i risultati delle elezioni politiche.

FAMIGLIA. Il mafioso ha due famiglie: quella privata e quella mafiosa. La famiglia mafiosa è sempre una famiglia allargata, aperta. C'è, all'interno di essa, un nucleo originario, una cellula che dà il nome alla famiglia ed è composta da persone unite da legami di sangue, tra loro legate da vincoli di parentela. Tutt'intorno, un'ampia corona formata da amici e da amici degli amici della famiglia, da affiliati e aggregati a vari livelli gerarchici.

In genere le famiglie mafiose allignavano nelle città dove il loro potere si estendeva su uno o più quartieri, però il trio Liggio-Riina-Provenzano, nato a Corleone, non apparterrà a nessuna famiglia, sarà un corpo unico che prenderà il nome di "i corleonesi" e, vincendo la guerra contro le famiglie palermitane, sostanzialmente sconvolgerà l'ordinamento sino ad allora esistente della mafia.

Alla sua famiglia privata il mafioso porta una

devozione pari se non superiore a quella più allargata della mafia.

La moglie di un mafioso è quasi sempre a conoscenza dell'attività criminale del marito. E spesso non solo l'aiuta materialmente e lo sostiene moralmente, ma talvolta lo consiglia.

Il non tradire la moglie, comandamento rispettato e fatto rispettare dalla mafia, non è un'esigenza morale come i mafiosi vorrebbero far credere, ma una precauzione elementare. Una moglie tradita può essere indotta a vendicarsi spifferando tutto quello che sa.

È la stessa regola che una volta suggeriva a un mafioso di non ammazzare in presenza della madre della vittima: una madre che vede coi propri occhi uccidere il figlio è capace di qualsiasi vendetta, assai più di un padre o di un fratello.

Come in tutte le famiglie, anche in quelle private mafiose ci sono figli. Ma non tutti i figli dei mafiosi pigliano la strada paterna. Si può dire che, almeno fino agli anni che immediatamente seguirono lo sbarco alleato in Sicilia (1943), la mafia era un'eredità che i figli avevano il dovere d'accettare senza beneficio d'inventario. Era dinastica. Poi le cose cambiarono. Il magistrato Prestipino è certo che il fenomeno sia dovuto a una sorta di patto nuziale invalso nell'ultimo cinquantennio: la moglie accetta di diventare alleata del marito a condizione che i figli rimangano, per quanto possibile, esentati dall'obbligo di successione o del tutto protetti dal contagio del virus mafioso. È uno scambio che la moglie propone: la propria complicità per la salvezza dei figli.

La nostra vita è disgraziata, scrive da qualche parte Provenzano. E nessuna madre vuole che la sua creatura intraprenda una vita di pericoli. Quindi, con un sottile lavorio e forse col tacito consenso del marito, talvolta riesce nel miracolo di distogliere i figli dall'esempio paterno (certamente affascinante per dei ragazzi) senza far venire meno in loro il rispetto per il padre.

Bernardo Provenzano è un buon padre di famiglia. Gli pesa la forzata assenza che gl'impedisce di veder crescere giorno dopo giorno i suoi due figli. Quando il figlio Francesco Paolo si deve iscrivere all'università, Provenzano scrive a Pino Lipari di fargli avere i programmi di studio in modo da poterlo consigliare. Francesco Paolo si laureerà in lingue. Ma si lamenterà dell'impossibilità di comunicazione col padre: «Quando mi dovevo laureare e dovevo fare l'ultimo esame, non gliene è fottuto niente a nessuno se io potevo avere i miei problemi. E invece dovevo andare a fare la bella statuina da lui. Perché l'ho sempre fatta la bella statuina, fin da piccolo piccolo».

Ma questa non comunicazione non poteva nascere da un segreto disagio di Provenzano di fronte al figlio? E poi: quale argomento di conversazione poteva ormai esserci tra loro?

FESTIVITÀ. Religiose, naturalmente. Perché quelle civili italiane non sono condivisibili dallo Stato autonomo della mafia.

Provenzano non se ne perde una.

Nemmeno quando è braccato da vicino e avrebbe altro a cui pensare.

A tutti vi auguro di passare Una Buona Felicissima Serena Santa Pasqua.

Le maiuscole sono sue.

In ricorrenza della Santa Pasqua per quello che il nostro Buon Dio ci permette di passare, di cuore vi auguro che potete passare UNA BUONA FELICISSIMA SERENA SANTA PASQUA uniti ai propri cari.

Anche qui la frase tutta in maiuscolo è sua.

Certe volte unisce un regalino al biglietto d'auguri:

Vi auguro un Felicissimo santo Natale... Questa bottiglia la dovete aprire quando siete tutti presenti, tutta la famiglia. Due gocce alla mia salute.

Da latitante, Provenzano probabilmente si co-
struiva un suo presepe "da campo", infatti la polizia trovò nella masseria dove venne arrestato una
statuetta raffigurante la Sacra Famiglia dentro una
capanna.

Ma in un altro pizzino Provenzano scrive:

Ditemi se andiamo incontro a un Santo Natale.

E qui l'augurio assume un tono leggermente si-
nistro. Provenzano vuole che le questioni rimaste
in sospeso, il denaro che c'è ancora da riscuotere,
gli affari che sono ancora da portare a termine,
ogni cosa insomma sia conclusa entro il 25 dicembre. In modo che tutti, Provenzano ma soprattutto
i suoi sottoposti che hanno lasciato le cose a mezzo, possano andare *incontro a un Santo Natale.*

Altrimenti possono arrivare pizzini agghiaccian-
ti come quello che dice:

*Vedo che siete come uno scoglio in mezzo al mare che
da dove viene il vento si sbatte almeno per me su di voi...*

FOTOGRAFIA. Fino al giorno della sua cattura, di Provenzano non si conosceva altro che una fotografia giovanile, formato tessera, che lo ritraeva coi capelli imbrillantinati e un'espressione chiusa, alquanto impacciata.

Per decenni gli investigatori hanno cercato con ipotetici identikit di seguire le modificazioni che il tempo avrebbe dovuto segnare su quel volto.

Ma, ha scritto Saverio Lodato prima che Provenzano fosse arrestato,

anche gli identikit litigano tra loro. Alcuni lo vogliono alto e con la forza di un toro. Alcuni vecchio, malato e malandato. Alcuni lo vogliono ottimo tiratore di pistola. Alcuni incapace di far male a una mosca. Secondo una scuola di pensiero avrebbe il cervello di una gallina. Secondo un'altra scuola di pensiero lui, al cospetto di Riina, sarebbe Einstein.

Secondo alcuni ha il fascino del fantasma invisibile, ma che al momento buono batte un colpo. Secondo altri, invece, è un nonno onnipresente fra centinaia di "nipoti". C'è chi dice che è morto da tempo. C'è chi dice che è vivo e vegeto. Non è l'araba fenice, Bernardo Provenzano. Ma poco ci manca.

Insomma, attorno a quella vecchia fotografia si è detto tutto e il contrario di tutto. Quella foto, ripetutamente apparsa sui giornali e nelle TV, è stata per anni e anni discussa e interpretata come se fosse l'enigmatico dipinto di un grande maestro.

Sicché quando Provenzano è stato preso e lo si è potuto vedere finalmente in carne e ossa, la sua immagine reale è parsa un tantino deludente, priva di quel senso di fascinoso mistero che la fotografia suscitava.

GESÙ CRISTO. Sulla religiosità di Provenzano si veda l'apposita voce.

Qui interessa evidenziare almeno due casi nei quali il ringraziamento a Gesù Cristo per il soccorso prestato lascia sorgere il sospetto che nella fattispecie Gesù Cristo si sia incarnato in un sacerdote con tanto di nome e cognome o in qualche frate.

Un ingenuo ex voto dell'Ottocento esposto fino a qualche anno fa ad Agrigento accanto a un'edicola con la statuetta di una Madonna miracolosa mostrava un bosco dove un brigante con tanto di trombone ad armacollo veniva sorpreso e sparato da due carabinieri con la lucerna come quelli di Pinocchio. In alto a destra era dipinta la Madonna che da una nuvoletta protendeva un braccio miracoloso e, pigliandolo per la collottola, allontanava il brigante dalla traiettoria delle pallottole. Sotto c'era un cartiglio con la consueta scritta: "Per grazia ricevuta". Dal brigante, naturalmente. Provenzano non ha questa ingenuità naïf. Ma se avesse ordinato a un pittore di carretti un ex voto per l'aiuto avuto da Gesù in quelle due occasioni, il volto di Cristo di certo non sarebbe stato quello che siamo abituati a conoscere.

Il primo caso accadde in un momento difficile nella latitanza di Provenzano.

Il 30 gennaio 2001 gli uomini della squadra mobile fanno irruzione in un casolare di Mezzojuso sperando di trovarvi dentro Provenzano e invece vi trovano Benedetto Spera. Ne hanno una delusione atroce perché sono arrivati fin lì sapendo che un ex primario, Vincenzo Di Noto, sarebbe dovuto andare a visitare un anziano corleonese componente della cupola e malato alla prostata. Dati che si attagliano a Provenzano.

E invece si tratta di Benedetto Spera, boss di Belmonte Mezzagno che in seguito si sarebbe dovuto incontrare con Provenzano.

E il bello è che Provenzano, insospettito, si trova a due passi dal casolare, fermo al limite di un bosco. Appena vede arrivare la polizia, scappa in cerca di un rifugio e Gesù Cristo, comparso dal nulla, l'aiuta a mettersi al sicuro. Oltretutto il giorno dopo sarebbe stato il suo sessantottesimo compleanno: quindi Gesù cade a proposito. Quando, qualche tempo dopo, Giuffrè gli scrive offrendogli un rifugio, Provenzano risponde:

Grazie al mio adorato Gesù al momento ha provveduto lui.

Gli inquirenti sospettano che in quell'occasione

Gesù si sia incarnato in un frate che l'ha portato nel suo convento.

Il secondo caso capita nel marzo 2002.

Provenzano viene a sapere che in un casolare di Vicari, da lui prescelto come luogo ottimale per organizzare le riunioni mafiose, i carabinieri sono riusciti a piazzare una telecamera.

Avverte subito Giuffrè perché si guardi dovunque se vi sono piazzate telecamere e che comunque gli uomini non parlino *né dentro né vicino alle macchine* e nemmeno vicino a case anche diroccate. E conclude:

Niente per me ringraziamenti... ringrazia a Nostro Signore Gesù Cristo.

Difficile che Nostro Signore Gesù Cristo sia andato a fare un'ispezione preventiva in quel casolare.

È lecito piuttosto supporre che Provenzano abbia avuto un'informazione da una talpa: un insospettabile – un prete, un frate, uno sbirro infedele? – in grado di raccogliere informazioni preziose su un territorio che all'epoca, tra l'altro, era controllato da Giuffrè.

GIUSTIZIA. *Cu havi dinari e amicizia teni 'n culu la Giustizia* (Chi ha denari e amici la Giustizia se la mette nel culo). *La Giustizia è fatta a manicu di mola* (La Giustizia è storta per sua natura). *Judici, prisidenti e avvucati / in Paradisu nun 'nni truvati* (Giudici, presidenti di tribunale e avvocati non li trovate in Paradiso). *La furca è pi lu poviru, la Giustizia pi lu fissa* (La forca è per il povero, la Giustizia per il fesso). *La liggi pi' l'amici s'interpreta, pi' l'autri s'applica* (La legge per gli amici s'interpreta, per gli altri si applica). *Lu codici è fattu da li cappeddi pi jiri 'n culu a li coppuli* (Il codice è fatto dai signori col cappello per andare in culo ai poveracci con le coppole). Nel corso di un'intercettazione gli inquirenti ebbero occasione di ascoltare un efficace proverbio coniato da Nino Rotolo: *I processi sono come muluna*, cioè come cocomeri rossi – finché non li si apre non si può sapere come sono dentro.

Se ne potrebbero aggiungere ancora centinaia, di questi detti popolari, a dimostrazione di quanto sia radicata nei siciliani la sfiducia verso la Giustizia i cui codici sarebbero stati fatti dalla classe dominante per sottomettere e vessare la povera gente.

La mafia per secoli ha prosperato in questo campo di coltura, proponendo una giustizia alternativa a quella dello Stato, e ha saputo farne rispettare i codici, rigorosamente applicandoli, assai più di quanto polizia, carabinieri e magistratura abbiano saputo (e potuto) fare con le leggi italiane.

Il vero capo mafioso di un tempo si sentiva investito dell'autorità di un giudice unico, di un severo ma equanime amministratore di giustizia.

Un giudice in grado di decretare una condanna a morte senza che l'accusato potesse giovarsi di avvocati difensori o di testimoni a discarico. A decidere della sua sorte, in un senso o nell'altro, era sempre e solo il criterio di giustizia (mafiosa) del giudice, il suo rispetto per la legge non scritta.

Quasi sempre, la motivazione della sentenza veniva chiaramente indicata nel cadavere del condannato: il sasso in bocca (ha tradito), le scarpe sul petto (voleva andarsene), il taglio dei genitali (reato sessuale), la pala di ficodindia in tasca (ha rubato soldi della mafia), il taglio dei testicoli, poi inseriti nella bocca (per una relazione adulterina con la moglie di un mafioso).

In un simile contesto, uccidere non era quindi una colpa ma l'esecuzione di un atto di giustizia e quindi talvolta il giudice stesso poteva assumere anche il ruolo di boia senza per questo sentirsi minimamente degradare dal suo altissimo ruolo.

È questo il senso della conversione a U che Provenzano fa compiere alla mafia: tornare al vecchio collaudato metodo.

Prima si ragiona, si soppesa, si considera, si valuta e poi, come *extrema ratio*, si procede all'esecuzione. Ma bisogna cercare, fino all'ultimo, di non emettere una sentenza di morte. Perché un morto, tirate le somme, fa sempre danno.

IMMERSIONE. È la strategia messa in atto da Provenzano dopo il fallimento della rumorosa strategia militare di Riina.

Il nuovo, rigoroso, inappellabile comandamento è: far dimenticare a tutti i costi che la mafia esiste.

È necessario tramare nell'ombra, come scriverebbe un giornalista privo di fantasia. Indossare non gli scarponi chiodati, che fanno troppo rumore, ma scarpe dotate di suole di gomma. L'ideale sarebbe attraversare le stanze del potere col passo degli angeli, sospesi a un centimetro dal pavimento.

Troppo *scrusciu* hanno fatto le raffiche di mitra, troppa *rumurata*, troppo *burdellu* le bombe, il tritolo di Riina. Come se non bastasse, i giornali e le TV hanno amplificato quei botti, hanno funzionato da casse di risonanza. Gli scoppi sono penetrati in tutte le case degli italiani, hanno provocato indignazione, rabbia, vergogna tra la gente. Si sono visti cortei pubblici di protesta, lenzuola sciorinate ai balconi e alle finestre, alberi piantati in memoria, scritte sui muri, tutte cose che prima delle stragi erano addirittura inconcepibili.

Tutte quelle reazioni potevano preludere a un mutamento totale dell'atteggiamento di buona parte dei siciliani verso la mafia, l'acquiescenza poteva in un attimo cambiarsi in aperta esecrazione, in dichiarato rifiuto.

E la rabbia esplosa ai funerali di Falcone prima e di Borsellino dopo non fece che appesantire il periodo critico che la mafia in quei giorni attraversò. Mai come in quei momenti la popolazione si ritrovò unita a gridare contro la mafia.

Cominciarono i ripensamenti.

«Oggi Cosa Nostra è diventata soltanto una macchina di morte» disse nel 1994 Luigi Ilardo.

«Cose tinte assai se ne fecero» è il commento di Lipari per gli anni delle stragi.

Con l'immersione, gli appalti, anche senza mitra, si riuscivano lo stesso a controllare bene.

«Se c'era qualche impresa diciamo tosta, ovvero che non voleva mettersi a posto, ci dovevamo muovere con le scarpe felpate» dichiara Giuffrè a proposito del nuovo corso imposto da Provenzano e accettato da quasi tutti senza resistenze di rilievo.

Ma Provenzano adottò la strategia dell'immersione solo perché il silenzio attorno agli affari che la mafia faceva finiva col pagare, e bene?

Oppure c'è anche (e forse soprattutto) un interesse personale? A questo fa chiaro riferimento Giuffrè: Lipari e Cannella hanno aiutato Provenza-

no a rifarsi la verginità, perché dalle stragi era uscito con le ossa rotte. E giustamente lui doveva rifarsi un'immagine. Così questo gruppo è passato come quello di coloro che erano contro le stragi. Ma
non è affatto così. Perché Provenzano nelle questioni politiche, negli omicidi politici, è il numero
uno. Però a un certo punto Lipari ha dovuto rifar-
gli l'immagine. Per evitare l'arresto, innanzitutto.
E poi per una questione economica.

Due piccioni con una fava, dunque. Dalle ceneri
delle stragi risorge il nuovo Provenzano, quello
che avrà fama di "giusto" e di "buono".

Da qui alla "santità" il passo sarà breve.

INDECISIONISMO. Abituati al decisionismo di Riina e Bagarella, che in ogni impresa usavano buttarsi "cavallo e carretto", vale a dire alla cieca, senza valutare a priori tutte le conseguenze e le reazioni possibili, molti mafiosi caddero in un equivoco, scambiando in un primo momento il temporeggiare di Provenzano per scarsa attitudine al comando, come si usa dire tra i militari, e lo tacciarono, non apertamente s'intende, di indecisionismo.

Ma Provenzano è uomo che raccomanda ai suoi di *ascoltare sempre l'altra campana*, e così fa egli stesso cercando di valutare i pro e i contro, di mettere ogni cosa e il contrario di quella cosa sui piatti di un bilancino, di prevedere conseguenze e riflussi di ogni decisione, soprattutto prendendosi tutto il tempo necessario a riflettere, ragionare.

Non si tratta di indecisionismo, ma di estrema prudenza. È una volpe vecchia che a sue spese ha imparato tutte le astuzie per non farsi impallinare. Inoltre Provenzano sa che una decisione avventata può condurre a una nuova guerra tra famiglie avversarie e questo sarebbe letale per la sua strategia dell'immersione.

Ma una volta presa la sua decisione, non torna più indietro e la fa rispettare anche dai più riottosi.

INFERMIERE, LA STRADA DELL'. Pino Lipari, ex geometra dell'ANAS, era anche uno dei principali consiglieri e l'amministratore dei beni di Provenzano. Lipari andò a finire nel carcere di Pagliarelli e da lì continuò con ingegnosissimi mezzi a tenersi in contatto con Provenzano.

Per esempio, se aveva un messaggio da inviargli, lo scriveva segretamente in cella, tagliava il foglio a metà e, ripiegando questa metà più volte, la cuciva all'interno del risvolto dei pantaloni. Poi consegnava al secondino la biancheria sporca, pantaloni compresi, perché fosse mandata a casa dove sua moglie avrebbe provveduto a lavarla. Naturalmente la signora, prima di procedere al lavaggio, recuperava il mezzo messaggio. L'altra metà sarebbe arrivata col successivo invio di biancheria. E questo perché, nel caso disgraziato che un secondino s'accorgesse del messaggio nascosto nei panta-

loni, non ci avrebbe capito niente perché ne mancava la metà.

Lo stesso sistema veniva adoperato per i pizzini
di Provenzano in arrivo.

Ma il problema, per gli investigatori, era: come
faceva il messaggio intero a proseguire verso il
luogo dove stava nascosto Provenzano? E come facevano i pizzini di Provenzano ad arrivare fino alla
signora Lipari? Insomma, chi era il corriere?

Il figlio di Lipari, Arturo, andava spesso a trovare il padre in carcere. Un giorno gli agenti in ascolto dell'immancabile microspia assistono a uno
strano colloquio tra padre e figlio.

«Hai risposta da dargli?» domanda Arturo.

«Devo prepararla» risponde Pino Lipari.

«Perché siccome l'infermiere...»

«Ma lui ha detto di seguire questa strada?» l'inter-
rompe il padre.

Il figlio però non risponde e prosegue: «... perché
lui passa lunedì, si sposa e parte in viaggio di nozze. Torna il giorno 14».

Durante il colloquio di qualche giorno dopo,
l'infermiere torna a essere al centro delle preoccu-
pazioni di Pino Lipari.

«Come dobbiamo fare per questo infermiere? ...
Trovate qualche soluzione.»

E il figlio: «L'ultima volta mi è venuto a trovare
in ufficio perché era di passaggio. Stava in ferie».

Ma a Lipari, il contatto tra suo figlio e questo infermiere – che è direttamente riconducibile a Provenzano in quanto suo nipote e che un giorno se
ne va in viaggio di nozze e un altro in ferie – non

gli sta tanto bene. Ha bisogno di una via di comunicazione che lo metta al riparo, perché Brusca, arrestato, sta parlando troppo.

«Ecco perché ti dico... vediamo un poco l'infermiere... di fargli usare un'altra strada.»

Ma Arturo è contrario alla sostituzione dell'infermiere e, ribattendo, si lascia sfuggire un'informazione preziosa per gli investigatori che stanno cercando d'individuare il misterioso corriere.

«Ma quello là è parente suo... quello che ci ha il terreno accanto a Damiano.»

Scrivono Palazzolo e Prestipino:

Damiano era il nome del titolare dell'immobile dove hanno sede le società dei Lipari: sua moglie risultò intestataria di un terreno a Carini, confinante con le proprietà di Francesco Alfano, il cognato di Provenzano, per avere sposato la sorella della compagna Saveria. Il figlio di Alfano e Nicoletta è Vito, infermiere presso il reparto di Pneumologia dell'ospedale Villa Sofia di via Ingegneros, a Palermo. Un veloce accertamento confermò pure che l'infermiere si era di recente sposato.

Gli investigatori scoprono dunque chi è l'infermiere. Ma non intervengono, vogliono solo comporre maglia a maglia la catena di postini e corrieri nella speranza di trovare, al termine, Provenzano.

Alla fine, Pino Lipari si arrende all'infermiere:

... seguiremo la nuova strada dell'infermiere, guidandoci a vicenda, con la massima cautela, mettendo un filtro sicuro fra noi.

Ma anche la polizia segue *la strada dell'infermiere* non perdendo di vista nemmeno per un attimo Vito Alfano e piazzando una quantità di microcamere nell'ospedale dove lavora.

Il *filtro sicuro* di cui parla Lipari (quindi un ulteriore allungamento del tortuoso giro dei pizzini) fu identificato in Giuseppe Lampiasi, detto Peppe, che di Lipari stesso aveva sposato una delle figlie ed era un altro frequentatore d'ospedali.

Una volta una telecamera piazzata davanti a un ascensore dell'ospedale dove lavorava Vito Alfano mostrò i due che ci entravano facendo finta di non conoscersi.

Mentre un'altra telecamera, questa collocata all'interno dell'ascensore, mostrò che, appena rimasti soli, Vito e Peppe si erano abbracciati, baciati e che c'era stato uno scambio di pizzini.

Poi finalmente, seguendo il *filtro*, si riuscì ad aggiungere una nuova maglia alla catena: il corriere successivo venne identificato in Paolo Palazzolo, cognato di Provenzano.

Da tutto questo potrebbe sembrare che la rete dei corrieri e dei postini fosse formata da persone tra loro apparentate, ma in realtà c'erano molti corrieri diversi e molti postini. La rete insomma era elastica, poteva allungarsi o restringersi a seconda delle necessità.

Tant'è vero che quando Lipari e Provenzano decisero di interrompere *la strada dell'infermiere* perché avevano scoperto che la polizia l'aveva intercettata, le comunicazioni tra di loro poterono continuare lo stesso.

LATITANZA. La latitanza di Provenzano inizia ufficialmente nel 1963 e dura fino all'arresto avvenuto
nel 2006. Quarantatré anni.

Durante tutto questo lunghissimo periodo Provenzano si fa vivo (in senso anche letterale, perché
c'era chi lo dava per morto già prima delle stragi)
solo una volta, inviando una lettera, datata 13 aprile 1994, che recava il timbro postale di Reggio Calabria ed era indirizzata "Al Tribunale Misure di
prevenzione" di Palermo.

*Presidente delle misuri di prevenzione Scaduti presso
il Tribunale di Palermo.*

*Io sottoscritto Provenzano Bernardo nato il 31-1-
1933. In Corleone Prov. di Palermo. Imputato dinnanzi
al Tribunale di misuri di Prevenzione Nomino miei di-
fenzori di fiducia gli Avvocati Traina Salvatore del foro
di Palermo via Nicolò Turrisi n. 59 Palermo. E Aricò
Giovanni del foro di Roma Piazzale Medaglie D'oro n.*

20 Roma. Conferendo loro anche il potere di impugnare
e proporre appello sia per decreto sia per sendenza.
Con Osservanza. Provenzano Bernardo.

La lettera, direttamente indirizzata al presidente
Scaduti, intendeva però rivolgersi a un più vasto
uditorio: quello dei mafiosi.

Il capomafia Ilardo, segreto confidente dei carabinieri nella persona del colonnello Riccio, spiegò
che attraverso quella lettera Provenzano faceva sapere a tutti gli interessati d'essere ben vivo e pronto a prendere il potere, che era giunta cioè l'ora di
mettere da parte Leoluca Bagarella, provvisoria-
mente succeduto a Riina.

Ma dove li trascorse Provenzano gli anni di latitanza?

Nei primi tempi si muoveva con disinvoltura
nella certezza di essersi tanto defilato da non costi-
tuire un obiettivo primario per le forze dell'ordine.

A Palermo circolava in assoluta libertà, andava
al cinema, per negozi, comprava personalmente
abiti eleganti.

Poi per qualche tempo si trasferì a Bagheria. Dichiarò il solito Ilardo al colonnello Riccio: «So che a
Bagheria Provenzano ha una grossa proprietà, dove c'è una grande villa. Il punto preciso non l'ho
mai saputo, ma da quello che mi raccontavano era
una bellissima villa, stile antico, dove si riunivano
la maggior parte di questi... dove Provenzano viveva tranquillamente con la famiglia e trascorreva
la sua latitanza. So pure che per qualche appuntamento lui si spostava con un'ambulanza».

Ma non sempre adoperava l'ambulanza, spesso

se ne andava in giro nella sua Mercedes bianca guidata da un autista d'eccezione, Giovanni Brusca.

Anche quando si trasferì a Sambuca di Sicilia andò ad abitare in una bella villa, del tutto conforme ai suoi gusti.

Però rischiò di lasciarci la pelle, perché l'indirizzo di quella villa lo vennero a conoscere i suoi nemici interni, gli uomini legati a Gaetano Badalamenti. Raccontò un pentito: «Mio cognato sapeva per certo che la mafia di Sambuca di Sicilia aveva per le mani il corleonese Provenzano, individuo pieno di soldi, latitante, che non ammetteva errori nell'ambito della malavita. Mio cognato ne aveva paura in quanto trattavasi di persona che andava per le spicce e faceva uccidere anche al minimo dubbio. Un giorno, mi chiese se sapessi usare un bazooka, c'era il progetto di assaltare la villa che ospitava Provenzano».

Il progetto rimase allo stato di progetto. Forse si chiesero quale sarebbe stata la reazione di Provenzano se avessero sbagliato il tiro.

Da un'intercettazione di Francesco Pastoia, storico "badante" di Provenzano, si venne in seguito a sapere che questi si era nuovamente trasferito: «... era in un appartamento di trecento metri tutto per lui, quando usciva la mattina, quando voleva uscire la mattina usciva... se ne andava in campagna...».

Insomma, in un primo tempo ci tenne a trattarsi bene, a non farsi mancare nulla, ad avere tutte le comodità.

Pare accertato che andò anche fuori dalla Sicilia. Per affari, naturalmente.

Fu nel 1981, quando venne chiamato dai clan camorristici di Cutolo e di Alfieri, che tra loro si combattevano, a fare da mediatore. Sembra che il risultato di questa missione diplomatica sia stato brillante.

Fu con l'arresto di Riina e con la presa del potere che la latitanza di Provenzano non poté più svolgersi negli antichi agi.

Cominciò l'epoca delle masserie, delle casupole di campagna, addirittura, come sembra, dei pollai. Continue le fughe, improvvisi gli spostamenti. Addio ai vestiti eleganti, ai pullover di cachemire.

Spesso Provenzano dovette lavarsi la biancheria da solo, cucinare, rigovernare.

Ma c'è ancora una domanda da farsi a proposito della latitanza.

Quanti furono ad aiutarlo? E chi erano quelli che lo aiutarono?

La trama che via via va disvelandosi attraverso la decrittazione dei pizzini si mostra sempre più fitta di nomi di politici, imprenditori, commercianti, medici, avvocati, spesso insospettabili.

La latitanza di Provenzano è stata come un tumore che ha prodotto innumerevoli metastasi.

Quarantatré anni sono tanti, troppi.

E c'è perciò da presumere che qualcuno dei primi protettori sia morto nel corso del tempo e abbia lasciato, nelle sue disposizioni testamentarie, anche un codicillo dove a un erede appositamente designato veniva assegnato il compito di continuare a proteggere la latitanza di Provenzano come una tradizione di famiglia da rispettare. Un caso esemplare di questo genere di passaggio di consegne è rappresentato dalla lettera-testamento scritta da Vito Ciancimino per il proprio figlio e affidata all'avvocato Giorgio Ghiron, nella quale si legge: "La prego di dare a Massimo quanto concordato con Lei, compreso *reperibilità noto Magistrato* e lettere".

MACCHINA DA SCRIVERE. Tutti i pizzini sono scritti a macchina.

E in fatto di macchine da scrivere, Provenzano non si è risparmiato.

Gli esperti della polizia, dal diverso allineamento dei caratteri e da certe particolari battiture di alcune lettere, sono arrivati alla conclusione che egli, nel corso del tempo, abbia fatto uso di ben cinque macchine da scrivere, tra elettriche e meccaniche.

Quando la polizia fece irruzione nella masseria, vi trovò una vecchia Olivetti e un nuovo modello, elettrico. E le altre tre?

Probabilmente lasciate in luoghi dovuti abbandonare di fretta, vecchi covi non ancora scoperti dagli inquirenti.

Il bello è che gli esperti della polizia scientifica sono riusciti a identificare le macchine usate da

Provenzano proprio attraverso una parola, *augurio*, da lui usata continuamente.

Nella seconda macchina, meccanica, le lettere G e U risultavano anormalmente spaziate rispetto alle altre, e la O tendeva verso l'alto. La terza macchina era un'Olivetti elettrica con la U che ruotava sempre a sinistra, le lettere GU a momenti si sovrapponevano e la O pendeva verso destra. Nella quarta macchina, la A era spostata verso l'alto.

Insomma, l'augurio scritto da lui agli altri non gli fu di buon augurio.

Ma perché si ostinò sempre a usare la macchina da scrivere? Solo perché gli veniva troppo faticoso tenere la penna tra le dita?

Forse lo faceva per ragioni più sottili e più pertinenti.

La scrittura a macchina in fondo, pur riportando tutte le caratteristiche personali di chi scrive, mantiene un certo tasso d'impersonalità mentre la scrittura a mano finisce inevitabilmente per tradire i sentimenti che agitano in quel momento colui che scrive.

Ora, non era proprio questa impersonalità a contribuire a creare quella distanza che Provenzano amava mettere tra sé e i suoi collaboratori esterni?

Provenzano non è più in grado d'indire riunioni numerose coi capi mafiosi a causa della pressione di chi gli sta alle calcagna, ma forse questa situazione non gli dispiace. Egli si manifesta attraverso una macchina che registra i suoi pensieri, e così facendo, sempre più s'avvicina ad essere quell'entità astratta che vorrebbe diventare.

Ci sarebbe anche un altro buon motivo per lo scrivere a macchina.

Probabilmente Provenzano, una volta diventato il capo assoluto, prova un certo disagio a mostrarsi per quello che è, un semianalfabeta. Se scrivesse a mano, gli errori sarebbero tutti suoi. Scrivendo a macchina, può invece spacciare gli errori grammaticali come errori di battitura.

E infatti, in qualche pizzino, quando chiede perdono per gli errori gioca sull'equivoco e non spiega di quali errori si tratta...

MAFIA. Di questa parola nei pizzini di Provenzano assolutamente non c'è traccia.

E non ce n'è nemmeno traccia nei pizzini che a sua volta riceve.

È come se, scusandoci per il paragone, l'amministratore delegato della FIAT e tutti i concessionari FIAT, nelle loro lettere d'affari, non citassero mai la FIAT.

Magistratura. La relazione conclusiva della Commissione parlamentare d'inchiesta sulle condizioni sociali ed economiche della Sicilia, del 1875, esprime alcune leggere riserve sulla preparazione dei magistrati che operano nei tribunali dell'Isola, lamenta che spesso il loro essere siciliani li mette in un certo disagio a dover operare in un territorio dove vivono parenti e amici e conclude così:

... è sopra ogni altra cosa deplorabile la lunga durata delle istruzioni e l'esito infelice in cui si cade assai spesso di non trovare il vero colpevole.

In parole povere, il vero colpevole di un reato, con allarmante frequenza, non si riusciva a trovarlo, oppure, se per una serie di circostanze avverse lo si trovava e lo si portava davanti a un tribunale, quello veniva assolto con la rituale formula dell'insufficienza di prove.

Franchetti e Sonnino, che nello stesso periodo conducono una controinchiesta parlamentare d'opposizione, dopo aver suggerito che i magistrati operanti nei tribunali siciliani dovessero per legge essere tutti rigorosamente nati molto al di là dello Stretto, molto al di là insomma dell'ex Regno delle Due Sicilie, concludevano pesantemente:

> Non staremo a citare assoluzioni scandalose, numerosissime specialmente in Sicilia; non staremo ad analizzare le statistiche ed a cercarvi per quali specie di reati sia stata pronunziata l'assoluzione e per quali la condanna.
>
> Se le relazioni sociali nell'Isola sono realmente quali le abbiamo descritte, è lecito conchiudere senza esitazione che un colpevole, per poco che abbia aderenze, protezioni od influenze di qualunque specie, è certo di essere assoluto. Dove non valgono la corruzione o le intimidazioni, valgono le relazioni d'amicizia, di clientela, di riconoscenza. In ogni caso vale l'opera di quegli avvocati che hanno per industria speciale la "fabbricazione" del giurì. Essi s'informano dei particolari più intimi riguardanti ognuno dei giurati, e così scuoprono i modi più opportuni d'influenzarli o corromperli.

Nel 1968, vale a dire novantacinque anni dopo la prima Commissione, dal Parlamento ne venne varata un'altra che aveva tra i suoi compiti quello di spiegare come mai le ripetute assoluzioni confermavano l'impressione di una permanente impunità per i grossi esponenti mafiosi attraverso un meccanismo che sfugge al controllo della legge, del Parlamento e di tutti gli organi e poteri dello Stato.

È molto pudica e signorile, la Commissione, quando parla di avere un'"impressione", sia pure confermata.

Si trattava invece di un precisa realtà che, in quasi cento anni, non era per niente cambiata. Cent'anni di assoluzioni.

Anzi, in tutto quel tempo, il rapporto tra certi magistrati e la mafia si era talmente consolidato da non poter essere più tenuto segreto. I magistrati "avvicinati" erano conosciuti per nome e cognome.

E c'erano persino dei magistrati che pur non essendo collusi con la mafia in certo qual modo la tolleravano e ne tessevano l'elogio. Valga per tutti un esempio riportato da Emanuele Macaluso.

Guido Lo Schiavo, altissimo magistrato di Cassazione, scrisse parole di elogio per il capomafia don Calogero Vizzini dopo la sua morte. Anche per Genco Russo che lo sostituiva ebbe parole di alta considerazione. Parlando della vecchia mafia ebbe a dire:

Era una mafia singolare quella che ho conosciuta io, non priva di una certa nobiltà. Sembra un'affermazione paradossale. E invece lo stesso Santi Romano definì la mafia "Stato nello Stato". C'era da parte di quella mafia antica coerenza, volontà di giustizia, equilibrio morale. La civilizzazione e il progresso hanno deteriorato la mafia, l'hanno resa strumentale.

Tutta colpa del progresso, dunque.

Stando così le cose, l'altissimo magistrato sarebbe caduto in deliquio davanti a Provenzano che tentava di riportare la mafia a quella "certa nobiltà" che era stata obnubilata dalla "civilizzazione" (vale a dire l'uso del kalashnikov e delle stragi).

Per inciso, Guido Lo Schiavo è stato autore di un libro, *Piccola pretura*, dal quale Pietro Germi trasse il film *In nome della legge*.

Sempre per inciso: don Calò Vizzini, Cavaliere della Corona, sindaco del suo paese, capo riconosciuto di tutta la mafia siciliana, morì nel suo letto nel 1954 senza avere mai fatto un giorno di galera pur essendo andato parecchie volte sotto processo.

Venne intervistato da Montanelli al quale rifiutò di dare una propria fotografia («Chi bisognu c'è? Iu nuddu sugnu...»).

Al suo funerale parteciparono alti prelati, onorevoli, sottosegretari, fianco a fianco con boss del calibro di don Paolino Bontà. Centinaia di persone seguirono il feretro tra le bandiere abbrunate. Il suo successore, Genco Russo, teneva in mano il cordone dorato del carro funebre, segno dell'avvenuta investitura. Poteva mancare l'elogio funebre dell'altissimo magistrato?

Per questo la mafia non poté mai perdonare a Falcone l'istruzione del maxiprocesso che si concluse con ergastoli e pesantissime condanne. Come prima non l'aveva perdonata a tutti i magistrati che si erano audacemente impegnati per contrastarla. È giusto ricordarli: il giudice istruttore Cesare Terranova (ucciso nel 1979 col suo autista Lenin Mancuso); il procuratore capo di Palermo Gaetano Costa (ucciso nel 1980 dopo che aveva firmato sessanta ordini di cattura contro mafiosi mentre i suoi sostituti si erano rifiutati di farlo); il sostituto procuratore Giangiacomo Ciaccio Montalto (colui che per primo aveva intuito la centralità di Trapani nella mappa mafiosa, ucciso nel 1983); il capo dell'ufficio istruzione del tribunale di Palermo Rocco Chinnici (ucciso nel 1983 con un'autobomba, insieme a due carabinieri e al portiere di uno stabile vicino); il presidente della corte d'appello di Palermo Antonino Saetta (ucciso nel 1988 assieme al figlio Stefano, aveva fatto condannare i capimafia Michele e Salvatore Greco e si apprestava a presiedere l'appello per il maxiprocesso); il sostituto procuratore Rosario Livatino (ucciso nel 1990); il sostituto procuratore Antonio Scopelliti (ucciso nel 1991, avrebbe dovuto sostenere l'accusa nel primo maxiprocesso).

Quel maxiprocesso istruito da Falcone, e il suo esito, rappresentarono per la mafia un brusco risveglio dopo un lungo, tranquillo, cullato sonno secolare.

Veramente si era voltato pagina, una brutta pagina.

Maria, Ave. Nella sala colloqui del carcere di Pagliarelli gli investigatori hanno disposto una serie di microfoni che possano intercettare i discorsi tra Pino Lipari – consigliere e amministratore dei beni di Provenzano – che è stato arrestato, e suo figlio Arturo.

Quest'ultimo ha il compito di ricopiare i pizzini di Provenzano indirizzati al padre e farglieli avere in carcere.

Un giorno viene ascoltato questo colloquio:

«Quella risposta è arrivata» dice Arturo riferendosi a un pizzino di Provenzano. E prosegue domandando: «L'hai letta tu?».

Ma il padre risponde con un'altra domanda.

«Però non era tutta completa, vero?»

Arturo si giustifica delle omissioni.

«C'erano un sacco di Ave Maria.»

E Pino Lipari, irritato: «Un'altra volta, tutta, perché in mezzo all'Ave Maria io devo capire, capisco qualche cosa... hai capito?».

Commentano Palazzolo e Prestipino:

Evidentemente, il codice passava anche dalle "Ave Maria" e dalle invocazioni al "Buon Dio"... Eppure all'inizio erano sembrate solo espressioni di fanatismo religioso, e niente altro.

Ma dato che questo codice "religioso" non è stato possibile trovarlo, si può avanzare un'altra supposizione.

Pino Lipari dice al figlio che attraverso quelle Ave Maria lui riesce a capire *qualche cosa.*

Se si fosse trattato di un vero codice, Lipari si sarebbe espresso diversamente, avrebbe detto al figlio che senza quelle *Ave Maria* non avrebbe potuto capire nulla.

Ma allora che cosa può essere quel *qualche cosa* da capire *in mezzo all'Ave Maria*?

Quasi certamente un di più e cioè lo stato d'animo di Provenzano.

Oltretutto Pino Lipari era stato il consigliere più ascoltato e l'uomo che gli aveva rifatto l'immagine, e quindi era colui che poteva meglio di tutti interpretare gli stati d'animo e gli sbalzi d'umore del suo capo: probabilmente era in grado di capire dalla quantità di *Ave Maria*, dalla loro collocazione, dal loro alternarsi, quale importanza Provenzano desse a una certa questione da risolvere. Un codice psicologico che magari colui che scriveva non sapeva di star mettendo in atto, mentre colui che leggeva l'interpretava benissimo.

MATRIMONI (E ALTRO). Di quante cose si deve far carico il capo assoluto della mafia, oltre alla normale amministrazione consistente in appalti truccati, imposizione del pizzo, esazione di tangenti, corruzione di pubblici funzionari, condizionamento di voti politici, equa suddivisione degli utili, composizione delle liti interne, *messa a posto* di chi non vuole pagare, richieste di protezione, condanne a morte?

Bene, oltre a tutto ciò, pare debba occuparsi anche di matrimoni.

C'è un pizzino di Giuffrè a Provenzano in proposito:

Tempo fa, G. mi aveva dato un biglietto con sù scritto il nominativo di una persona di Misilmeri per avere informazioni su questa persona (io non ricordo più il nominativo) per fidanzamento. Se lei si ricorda la prego di sollecitare detta risposta in modo che a sua volta noi la passiamo.

È una vera e propria richiesta d'informazioni matrimoniali. Una volta per queste faccende usava rivolgersi al maresciallo dei carabinieri. Ma il signor G. avrà ritenuto di poter avere notizie sul fidanzato della figlia dell'amico assai più accurate da Provenzano che non da un qualsiasi appartenente all'Arma.

C'è da notare che il citato pizzino di Giuffrè è un sollecito. Segno evidente che anche in occasioni come queste Provenzano non dava giudizi alla leggera.

Un'altra volta dovette intervenire a Bagheria per una situazione alla *Romeo e Giulietta*. In quel paese c'erano due importanti famiglie mafiose che avevano ragioni di attrito fra loro, quella di Leonardo Greco e quella di Nino Gargano. Capitò che Sabina Greco, figlia di Leonardo, si volesse fidanzare con Francesco Tusa, nipote di un compare di Gargano. Situazione delicatissima che venne direttamente sottoposta a Provenzano. Il quale, dopo il consueto periodo di meditazione, decretò che quel fidanzamento andava fatto. E ne ebbe, come al solito, anche un tornaconto: quell'unione pacificò le due famiglie mafiose e il pericolo di una perniciosa guerra intestina (contraria alla politica pacificatrice di Provenzano) scomparve.

Ma c'era anche da occuparsi di esenzioni dal servizio militare o di far pressione su qualche professore perché chiudesse un occhio agli esami di uno studente non certo brillante:

Allora apprendo con piacere che il Prof si e comportato bene e che al ragazzo sono andati beni gli esami.

Con una raccomandazione di quel calibro (è proprio il caso di dirlo) sarebbe stato promosso persino un totale deficiente.

Per faccende simili, nessuno avrebbe osato rivolgersi a Riina. Non era fatto per queste cose, non rientravano nel suo orizzonte. Provenzano invece, anche se ne avrebbe poca voglia, è costretto a occuparsi di queste piccole questioni perché concorrono a meglio disegnare l'immagine che vuole dare di sé e inoltre servono ad allargare il consenso attorno al nuovo corso della mafia da lui voluto.

Come dire, una mafia dal volto umano.

MEDIAZIONE. Buona parte del potere di Provenzano è dovuta alle sue ottime capacità di mediatore.

Dovette affinarle, queste sue doti, al tempo dei grandi appalti palermitani quando era il *puparo* di Vito Ciancimino e la sua fama varcò persino lo Stretto se, nel 1981, venne chiamato a Napoli per mediare tra i due maggiori clan camorristici, la NCO (Nuova camorra organizzata) di Cutolo e il gruppo di Carmine Alfieri.

Provenzano subentrò al comando della mafia a Leoluca Bagarella, fratello della moglie di Riina. Bagarella era troppo compromesso con Riina, con i suoi metodi, e oltretutto non aveva la statura di un capo assoluto.

Nel suo breve interregno, stando alla testimonianza dei pentiti, molte furono le "famiglie" che non ne riconobbero l'autorità e presero ad agire in modo autonomo, spesso rischiando piccole guerre interfamiliari.

Quindi l'azione di Provenzano, fin dal primo momento, si rivelò essenziale nell'evitare un possibile collasso per faide interne, ricucendo strappi, ricomponendo dissidi, placando malumori.

Non perde mai la pazienza, non si sbilancia, riesce abilmente a fingere di mantenersi sempre *super partes*. Perché in realtà non lo è, egli è un mediatore interessato che sa trarre grossi benefici dalla sua opera e sa come manovrare perché questo avvenga.

Innumerevoli sono gli attestati di benemerenza che gli vengono rilasciati.

Valga per tutti un solo esempio.

Matteo Messina Denaro, spietato assassino, che dopo la cattura di Provenzano molti considerano suo probabile successore, inizia una lettera così:

Io mi rivolgo a lei come garante di tutti...

È proprio questo incipit a spiegare il senso che Provenzano ha voluto dare al suo essere il capo.

Se Riina era un dittatore violento, Provenzano vuole apparire come un presidente democratico che prima di decidere si premura di ascoltare tutte le parti in causa.

E Messina Denaro prosegue dichiarando l'accettazione *in toto* del nuovo corso:

Prima di passare al nocciolo del discorso desidero dire a lei che io sono per il dialogo e la pacificazione per come lei mi ha chiesto, ed io rispetto il suo volere per come sempre è stato.

Capitò anche che alcuni mafiosi spacciassero come voluto da Provenzano un appoggio da dare a un altro mafioso.

Ad Agrigento il candidato scelto dalle maggiori famiglie mafiose quale rappresentante provinciale era Maurizio Di Gati. Il candidato personale di Provenzano era invece Giuseppe Falsone. Arrivarono due emissari palermitani, Fileccia e Virga, i quali dissero che Provenzano aveva ritirato la candidatura di Falsone per appoggiare Di Gati. Non era vero niente. Quella menzogna tagliava alla radice la lenta mediazione che Provenzano s'apprestava a condurre per far prevalere il suo candidato. Provenzano andò su tutte le furie e scrisse un lunghissimo pizzino a Giuffrè che cominciava così:

Equivoco e doloroso per me, mà non sorpreso...

Fileccia e Virga la scamparono bella solo perché Provenzano, come scrisse al solito Giuffrè, non aveva *da prendere la scure al momento.*

NUMERI. Da un certo momento in poi, nei pizzini, Provenzano comincia a indicare i suoi con delle cifre, con dei numeri. Dietro ai quali si nascondono non soltanto i nomi e i cognomi, ma anche i corrispettivi territori d'influenza. Per esempio, a quale provincia o comune si riferisce il numero 916?

Gli investigatori che intercettavano i pizzini non sono riusciti mai a capire le regole di quel codice.

Credettero però di avere la soluzione a portata di mano quando scoprirono nella masseria di Montagna dei Cavalli una Bibbia recante molte sottolineature, in particolare nel libro dei Numeri.

Ci stanno ancora studiando sopra.

Cos'è il quarto libro del Pentateuco che dai Settanta è stato chiamato Numeri, e che gli ebrei chiamano "E disse" (dalla parola con cui il libro comincia) oppure "In deserto" (che corrisponde alla quarta parola)?

Numeri in quel contesto biblico va inteso come numerazioni, elenchi di appartenenti, e infatti il primo capitolo ha come titolo "Censimento dei guerrieri per tribù".

Non meno interessanti i titoli del secondo e del terzo capitolo: "Disposizione degli accampamenti" e "Censimento dei leviti".

Per non parlare del quinto che s'intitola "Gli immondi allontanati" e che comprende un capitoletto assai interessante: "Riparazione dei danni arrecati".

Provenzano non vi avrà potuto rinvenire dei riferimenti alla sua situazione personale e ai doveri che si trova ad avere come nuovo capo assoluto della mafia?

Certo che elementi di suggestione, sia pure superficiale, ce ne sono e tanti.

Le tre parti che costituiscono il libro coprono infatti un arco di tempo di circa quaranta anni, suppergiù la stessa durata della latitanza di Provenzano.

E le peregrinazioni nel deserto in esso narrate, Provenzano non le avrà potute interpretare come il suo peregrinare da un covo all'altro nel deserto della latitanza?

E quel "censimento dei guerrieri per tribù" non avrà potuto ispirargli un suo personale censimento degli uomini a disposizione di ogni singolo capomafia?

E la "disposizione degli accampamenti", di cui parla il capitolo secondo, non poteva trasformarsi nella mappatura delle zone d'influenza delle varie famiglie?

E non bisognava forse allontanare quelli che avevano tradito o erano in procinto di tradire, cioè gli "immondi" del quinto capitolo?

E quel sottocapitolo "Riparazione dei danni arrecati" non avrebbe potuto attagliarsi al compito che l'attendeva quale capo, cioè il dover sanare le ferite provocate dalla dissennata guerra di Riina?

Purtroppo il libro dei Numeri è pieno di troppi numeri. Tirarne fuori una decina di codici diversi sarebbe facile a tutti. Ma proprio in questa facilità consiste l'estrema difficoltà della decrittazione.

Pizzini, sistema dei. Che Provenzano comunicasse i suoi ordini camuffati da consigli scrivendoli a macchina sopra un pizzino e quindi facendolo passare di mano in mano per essere, dopo lunghi giri viziosi, consegnato nelle mani del destinatario, a molti può apparire un modo assolutamente primitivo di corrispondere.

In linea con il modesto personaggio contadinescamente vestito visto in TV al momento del suo arresto, in linea con la disadorna rustica masseria nella quale si era trasferito negli ultimi tempi, in linea con il ruvido e aspro paesaggio di campagna che lo circondava.

Non si potrebbe commettere errore più grosso.

Perché invece questo modo escogitato da Provenzano e che egli, modestamente, dichiara essergli stato direttamente suggerito dalla Divina Provvidenza, era, a conti fatti, tra tutti il più sicuro dovendosi di necessità escludere la posta, il telefono fisso e il telefono cellulare, tutti mezzi intercettabili con molta facilità.

Tra l'altro, la lettera a mano ha precedenti illustri: non a caso Gabriele D'Annunzio, per mantenere la segretezza di certe sue corrispondenze amorose, si serviva di privati messaggeri che si spostavano da una città all'altra in treno.

E la nostra Corte dei Conti non mantiene in organico un funzionario, detto "camminatore", il quale è personalmente latore di documenti importanti o riservati?

Tutti gli altri mezzi cosiddetti primitivi, come i piccioni viaggiatori e i segnali di fumo (perché no? se si fossero dimostrati utili, Provenzano li avrebbe di sicuro adottati), erano da escludere presupponendo il primo un nido stanziale (incompatibile quindi con improvvisi, necessari trasferimenti) e il secondo avendo lo svantaggio di un eccesso di visibilità.

Inoltre il sistema dei pizzini, anche se complesso, aveva un grande vantaggio rispetto al telefono, ove Provenzano avesse avuto l'ingenuità d'usarlo: riduceva a quasi zero la possibilità di equivoci, di fraintendimenti volontari e non.

La comoda e consueta frase "Ho capito male, mi pareva che lei avesse detto..." qui non può essere in nessun modo usata. *Scripta manent et verba volant.*

E infatti Provenzano, nel comunicare a un terzo una opinione scritta pervenutagli da un secondo interlocutore, fedelmente ricopiava quell'opinione e l'allegava.

Rispetto a un colloquio a viva voce il sistema dei pizzini aveva un altro vantaggio non indifferente: non era possibile la replica istantanea se non si era d'accordo col "consiglio" ricevuto. Il lasso di tempo che intercorreva tra la ricezione del pizzino e il ricevimento da parte di Provenzano dell'eventuale parere discorde finiva coll'indebolire le ragioni del disaccordo, a stemperarle, se non a vanificarle del tutto.

Ancora: il pizzino veniva ad assumere, proprio per la misteriosa distanza percorsa, per lo sconosciuto luogo di provenienza, per la relativa impersonalità dei caratteri della macchina da scrivere, per l'autorità e il potere che trasudava, un che di supremamente oracolare al quale sarebbe stato difficile replicare, controbattere, perché una qualsiasi opposizione avrebbe inevitabilmente assunto l'aspetto di un quasi sacrilegio.

Pizzino. Il Mortillaro, autore di un classico *Dizionario siciliano-italiano* del 1876, così alla voce "Pizzinu":

> Piccola carta contenente breve scrittura e dicesi di moltissime scritture in ogni genere.

Il pizzino di Provenzano spesso non è una piccola carta, ma un foglio intero generalmente suddiviso per *argomento* e ripiegato più e più volte fino a diventare una listarella sigillata da un nastro adesivo trasparente.

Così ridotto, il pizzino è facilmente occultabile (nel risvolto dei pantaloni, per esempio) e altrettanto facilmente scambiabile (lo si può fare con una semplice stretta di mano).

Praticamente impossibile manometterlo senza che la manomissione sia immediatamente scoperta.

Certe volte, all'interno di un pizzino, ci sono altri pizzini più piccoli che recano il destinatario siglato in un primo tempo con le iniziali e in seguito con un numero.

Uno dei collettori principali si preoccupava di far pervenire i pizzini a coloro ai quali erano particolarmente indirizzati.

In genere il pizzino è di "breve scrittura", solo raramente Provenzano si dilunga, soprattutto quando prende cappello per un fraintendimento o per una trasgressione. Allora è tutto un rabbioso ricopiare e allegare tutto quanto si era in precedenza stabilito con puntiglio degno di un archivista di razza. Non lascia insomma una "i" senza metterci il puntino.

Il Mortillaro ci dona un'ulteriore definizione del "pizzinu":

Così chiamasi il polizzino sopra cui sono scritti i numeri della lotteria... da conservarsi da chi ha giocato.

E pizzino era anche chiamato il foglietto colorato e più volte ripiegato che un pappagallo ammaestrato, legato a un alto trespolo tenuto da un "maestro di fortuna", ossia un "mago" ambulante, estraeva col becco, da un contenitore dove i pizzini variopinti stavano fittamente allineati, per porgerlo al cliente.

Il pizzino era detto "pizzinu della vintura" perché prediceva l'avvenire e terminava immancabilmente con cinque numeri da giocare al lotto.

"Vintura" è parola antica, la troviamo già a chiusa del *Contrasto* di Ciullo d'Alcamo.

A lu lettu nni ghimu di bon'ura
e Diu nni manni la bona vintura.

La vintura poteva essere "bona" oppure "mala".

E chissà quanti, aprendo con trepidazione un pizzino di Provenzano, si saranno domandati se quel foglietto arrotolato avrebbe per loro significato una bona o una mala vintura.

POLITICA. La mafia ha da sempre avuto rapporti più o meno stretti con la politica.

La prima grossa collusione venne alla luce nel 1899 con l'omicidio di Emanuele Notarbartolo, presidente del Banco di Sicilia, assassinato in treno a coltellate. Il mandante venne individuato nell'onorevole Palizzolo che pare curasse interessi mafiosi. Ci furono una serie di processi culminati con l'assoluzione, a Firenze, dell'onorevole che venne accolto al suo ritorno in Sicilia con un trionfo degno di Radamès.

Ma già Crispi non aveva disdegnato di avere rapporti non occasionali con mafiosi nel suo collegio elettorale e quando venne nominato presidente del Consiglio fece soffocare nel sangue il movimento contadino dei Fasci siciliani che tanto fastidio davano ai grossi feudatari e ai loro campieri mafiosi.

Durante e dopo la Prima guerra mondiale, fu l'onorevole Vittorio Emanuele Orlando, il "presidente della Vittoria", a fruire di un largo seguito nella mafia.

Mussolini, al quale era stato quasi esplicitamente richiesto, durante il suo viaggio in Sicilia nel 1924, di spartire il suo potere con quello mafioso, per tutta risposta inviò nell'Isola Cesare Mori, il cosiddetto Prefetto di ferro, che con metodi da Far West esercitò una repressione durissima e spesso fuori da ogni legge, in seguito alla quale la mafia andò "in sonno".

Per risvegliarsi nel 1943 più viva che mai con lo sbarco alleato. L'americano Charles Poletti, a capo dell'AMGOT, vale a dire l'amministrazione militare dei territori occupati, per contraccambiare l'aiuto dato dalla mafia siculo-americana prima nella protezione dei porti statunitensi e poi durante lo sbarco, consegnò decine e decine di paesi siciliani a sindaci mafiosi da lui designati. Divennero sindaci persino i capimafia don Calò Vizzini e Genco Russo, reduci dalle galere fasciste e perciò riciclati come antifascisti (di nome, non di fatto).

La Democrazia cristiana divenne, da un certo momento in poi, un vero e proprio ricettacolo di mafiosi che elessero i loro rappresentanti in Parlamento mentre nel contempo ammazzavano sindacalisti comunisti, socialisti e anche democristiani, se non stavano agli ordini.

La collusione tra mafia, proprietari terrieri, banditi, politici di destra e frange fasciste diede il meglio di sé nella strage di Portella della Ginestra, il 1° maggio 1947.

Dopo decenni di fraterna comunanza con politici della Democrazia cristiana (fu il periodo nel quale Provenzano fece affari d'oro con gli appalti attraverso il suo pupillo Vito Ciancimino, fanfaniano, prima assessore ai Lavori pubblici e poi sindaco di Palermo), la mafia si orientò verso i socialisti, considerando però sempre i comunisti nemici dichiarati.

Chi denunziava lo scandalo dello stretto connubio tra mafia e politica spesso andava a finire in carcere (vedi il caso di Danilo Dolci) con l'aiuto di giudici compiacenti.

Con Bontade prima e con Riina dopo invece la reazione volse al peggio: i giornalisti che denunziavano, i politici onesti che non volevano sottostare al condizionamento mafioso (vedi il caso di Piersanti Mattarella) e i politici che combattevano concretamente la mafia (come il comunista Pio La Torre) venivano sistematicamente eliminati.

E la mafia non esitò ad ammazzare anche politici dai quali si era sentita tradita (vedi il caso dell'onorevole Lima, andreottiano).

Provenzano però non volle mantenere la pregiudiziale anticomunista.

I tempi (e anche i comunisti) erano evidentemente cambiati.

Gli investigatori, da sempre abituati a dare per scontato l'abisso esistente tra mafiosi e comunisti, non credettero alla realtà scoperta quando cominciarono ad avere la certezza che uno degli eminenti postini di Provenzano era proprio un incensurato imprenditore dichiaratamente di sinistra. Poi ne scoprirono un secondo con gli stessi connotati politici. Un'ulteriore prova della volpina scaltrezza di Provenzano.

Quando la polizia fece irruzione nella masseria di Montagna dei Cavalli, tra le carte del capo dei capi non fece scoperte eclatanti di nomi di politici.

Del resto, già dagli altri pizzini intercettati, si era capito che Provenzano non voleva mirare alto nei suoi rapporti con la politica: al massimo trattava con deputati regionali, più spesso con assessori provinciali e comunali.

Indubbiamente però qualcuno dei capimafia che a lui obbediva intratteneva rapporti con politici di più alto livello.

Lui invece sapeva benissimo che spesso un assessore locale ha poteri decisionali più larghi e immediati che non un deputato romano.

Perché dunque contrarre debiti grossi con la politica? Non era conveniente.

E poi: fino a che punto ci si poteva fidare dei politici d'alto livello?

Ha detto il procuratore antimafia Piero Grasso che il pentito Giuffrè

> sostiene la strettissima connessione tra mafia e politica perché Cosa Nostra tende alla gestione totale del potere, parte del quale, invece, è appannaggio dei politici. Giuffrè ricorre all'immagine dei pesci che se non stanno nell'acqua muoiono... La convivenza non sempre è semplice.

Giuffrè parla della *miserabilitudine* dei politici, pronti a chiedere e accettare i voti mafiosi prima di ogni contesa elettorale, disponibili nelle promesse (anche le più spericolate), ma capaci di clamorose marce indietro per non rimanere invischiati quando vengono coinvolti in vicende giudiziarie.

PRESENZA, DI. Frequente è il rincrescimento che trapela dai pizzini per il fatto che le *presenti condizioni*, vale a dire la situazione di braccato nella quale da qualche tempo si è venuto a trovare, non consentano più a Provenzano il potersi *vedere di presenza* con alcuni dei suoi collaboratori e amici, e che quindi l'unica comunicazione tra loro possibile sia appunto quella scritta.

Senti sarebbe per mè un gran piacere vederci di presenza, cosa che al momento mi è impossibile farlo, mà lo faremo se Dio lo vuole, appena possibile...

Poi mi dici che con il volere di Dio mi spiegherai di presenza gli accordi fatti col Dottore...

... di tutto il resto, con il volere di Dio, ne parleremo di presenza...

... con il volere di Dio te né parlerò di presenza...

Si potranno *vedere di presenza*, insomma, quando lo vorrà Dio. Cioè quando Dio interverrà sulla polizia convincendola ad allentare le maglie della rete che sempre più sente stringersi attorno a lui.

Non si sa però quanto questo rincrescimento sia autentico. In fondo Provenzano, da questo forzato doversi isolare, ha saputo trarre tutto il giovamento possibile.

Ma incontrarsi *di presenza*, come poteva fare una volta con una grande libertà di movimento, aveva indubbiamente i suoi vantaggi soprattutto in certe situazioni dubbie o equivoche.

In realtà, il vedersi *di presenza* significa una sola cosa: potersi guardare negli occhi, *taliarsi* reciprocamente, mentre si discute di una questione delicata.

Per esempio, se in una stanza si trovano a discutere tre persone di diverso parere su una certa questione, la ricerca delle alleanze avverrà di sicuro attraverso un gioco di sguardi. Perché, come si sa, i siciliani sono maestri nel parlarsi con il linguaggio degli occhi.

Il curatore di questo dizionario ricorda di aver visto in TV un lungo discorso muto, durato qualche decimo di secondo, tra Riina e Bagarella.

Nell'aula del tribunale Riina stava già seduto al suo posto d'imputato quando arrivò Bagarella il quale, per raggiungere il posto che gli era stato assegnato, gli passò alle spalle. Riina si voltò e lo *taliò* e anche Bagarella lo *taliò* continuando sempre a camminare. L'incontro dei loro sguardi durò solo un attimo, ma chi scrive, essendo siciliano, capì che si erano detti tutto quello che c'era da dire.

Ora *taliare a unu nno funnu di l'occhi*, guardare uno nel fondo degli occhi, cosa possibile solo se si è *di presenza*, consentiva certamente a Provenzano di capire il grado di sincerità dell'interlocutore, al di là delle sue parole, e quindi di potersi comportare di conseguenza.

PRETI. Rivela don Giacomo Ribaudo, parroco della palermitana chiesa della Magione, che nel '94 il latitante capomafia Pietro Aglieri, amato figlioccio di Provenzano, il killer che nel suo covo si era allestito una piccola cappella dove un prete andava a officiare, aveva chiesto d'incontrarlo. E che lui aveva accettato di buon grado.

Si era trovato davanti a un uomo molto amareggiato per l'assassinio di don Pino Puglisi. In quell'occasione Aglieri gli aveva detto che molti mafiosi erano pronti a «iniziare una nuova vita».

Secondo don Ribaudo, non spiegò quale nuova vita intendesse.

Pochi giorni dopo Aglieri gli scrisse una lettera sul cui contenuto don Ribaudo non dice nulla. Afferma solo che Aglieri la rivolle indietro.

Ma il parroco della Magione rivela anche di avere espresso il desiderio di poter incontrare Provenzano. Gli era stato risposto che non era possibile perché l'incontro sarebbe stato inutile, Provenzano aveva già un suo confessore, un padre spirituale.

Don Ribaudo e il padre spirituale di Provenzano appartengono dunque a quella categoria di sacerdoti che i mafiosi chiamano *intelligenti*, vale a dire che comprendono le ragioni della mafia, sostengono che il peccato di mafia non esiste e quindi sono capaci di assolvere un mafioso dopo la confessione di una decina di omicidi dandogli per penitenza cinque avemarie e tre paternoster.

Per arrestare, subito dopo la guerra persa da Riina, il dilagare del pentitismo che provocava irreparabili squarci nel tessuto mafioso, Provenzano decise di offrire un particolare tipo di pentimento, un pentimento alternativo, a chi sentiva la voglia di allontanarsi dall'organizzazione mafiosa: pentirsi davanti a Dio, confessando a un prete, naturalmente *intelligente*, i propri peccati.

Anche questa che sembra una novità del nuovo corso di Provenzano è in realtà un tentativo di ritorno all'antico. Quando cioè i rapporti tra i mafiosi e gli uomini del clero erano di reciproco rispetto. I vecchi capimafia si presentavano agli occhi di tutti come portatori di buoni e civili esempi. Non mancavano una messa domenicale assieme alla propria famiglia (qui intesa come moglie e figli e non nell'accezione mafiosa). E spesso largamente contribuivano alla preparazione delle feste religiose.

Via libera a chi vuole pentirsi, dunque.

Ma attenzione: pentirsi davanti a Dio, non davanti alla Giustizia.

La Giustizia ti costringe, se ti penti, a fare i nomi dei complici, a dire luoghi, circostanze, interessi, gerarchie, affinità, parentele.

La Chiesa invece non ti chiede nulla di tutto questo.

Il progetto di Provenzano è indubbiamente geniale. Mette a posto la coscienza del pentito e sbarra la strada ad ogni possibile conseguenza pratica di quel pentimento.

Il piano però fallisce perché non si trovano abbastanza preti *intelligenti*.

PROSTATA. L'ipertrofia della prostata colpisce molti uomini da una certa età in su e arreca noiosi disturbi alla minzione. In certi casi si può curare farmacologicamente, in altri più gravi o addirittura tumorali bisogna far ricorso alla chirurgia. E anche dopo l'operazione spesso sono necessarie altre cure.

A Provenzano, in un certo momento della latitanza, qualcuno deve avere diagnosticato un tumore alla prostata. Poiché si tratta di accertamenti che vanno fatti con apparecchiature apposite, è sicuro che Provenzano, pur essendo attivamente ricercato, dovette di necessità recarsi in qualche clinica privata, e più di una volta, per gli esami e per la diagnosi.

Da allora, nei suoi diversi ultimi covi, ricevette regolari visite da parte di persone in grado di occuparsi della sua malattia, tra cui il famoso 60.

Ma si curava anche da sé, mangiando semi di finocchio e cicoria (della quale era anche ghiotto). Queste cure naturali gliele avrà suggerite qualche *vicchiareddra*.

Così si chiamano le vecchie sapienti che nelle campagne vengono consultate dai contadini per curarsi dai malanni, e prescrivono in genere decotti, pozioni, impacchi d'erbe. È avventato giudizio dirle ciarlatane.

La base dalla quale Provenzano muoveva per recarsi in clinica, la polizia l'ha individuata in una villa abusiva nella Conca d'Oro, con piscina e vista sul golfo.

Poi la malattia peggiorò e si rese necessario un intervento chirurgico.

Intervento che, a quanto risulta, si sarebbe dovuto effettuare già prima del 2001, quando Pino Lipari dice a Giuseppe Mirabile: «Il gattino nostro ha avuto questo malessere, io avevo tutto pronto, era pronta l'ambulanza. Mia moglie sarebbe passata per la moglie di questo cristiano».

È molto sorprendente la definizione di *gattino* per uno come Provenzano.

Poi qualcosa dovette andare storto e Provenzano rimandò. Ma nel 2003 l'operazione si fece indifferibile.

Di certo Provenzano non avrebbe incontrato difficoltà a farsi operare in qualche clinica palermitana, ma preferì recarsi invece a Marsiglia.

Difficile capire le ragioni di questa scelta che comportava di varcare lo Stretto, percorrere tutta l'Italia, passare il confine e poi rifare a ritroso l'intero percorso.

Partì con documenti d'identità falsi, intestati a un tale Gaspare Troia (nulla a che fare con il famoso cavallo, è un cognome diffuso nell'Isola), e con le relative carte mediche rilasciate per il ricovero in Francia da una nostra ASL, USL, o qualcosa di simile. Lo Stato italiano (cioè voi lettori) contribuì con 1973,05 euro agli accertamenti preoperatori. Di tasca sua Provenzano riuscì a non tirar fuori nemmeno una lira.

L'operazione riuscì perfettamente e, di ritorno da Marsiglia, Provenzano andò a trascorrere una breve convalescenza nella solita villa della Conca d'Oro. In seguito continuò a sottoporsi alle visite e a farsi fare una speciale iniezione ogni tre mesi.

Quando fu arrestato, mostrò al vicequestore Renato Cortese la fiala per l'iniezione trimestrale che avrebbe dovuto fare quel giorno stesso e se la mise in tasca. E il procuratore Grasso gliela fece praticare negli uffici della Mobile di Palermo da una dottoressa della polizia.

Alla quale polizia la prostata aveva giocato in precedenza un brutto tiro, complice anche *l'adorato Gesù Cristo*, a Mezzojuso, nel gennaio 2001.

Una volta, attraverso le intercettazioni, gli investigatori scoprirono che un medico primario, Vincenzo Di Noto, doveva recarsi in un cascinale di Mezzojuso per fare un'iniezione a un anziano corleonese, latitante, sofferente alla prostata.

La polizia esultò, non ebbe dubbi, i dati corrispondevano perfettamente a Bernardo Provenzano.

Individuato il cascinale, lo circondò e vi fece irruzione. Dentro, con somma delusione, vi trovò in effetti un anziano corleonese latitante e malato alla prostata, ma che si chiamava Benedetto Spera.

Per rendere più amara la delusione, gli investigatori in seguito appresero che Provenzano si trovava a pochi passi di distanza per incontrarsi con alcuni capimafia, che aveva assistito all'irruzione e che era riuscito prontamente a volatilizzarsi grazie anche e soprattutto all'aiuto *dell'adorato Gesù Cristo*.

PROVERBIO. In tutti i pizzini, almeno in quelli che a noi è stato possibile leggere, una sola volta Provenzano si lascia andare a citare un proverbio e lo fa quasi scusandosi con l'interlocutore.

... ma mi puoi perdonare se ti cito una massima? Che dici (Che bene, sta attento al nemico suo, e alle azioni sue non ha bisogno di avviso altrui) è un buo proverbio...

Messo in bella suonerebbe così: chi sta bene attento al nemico suo e alle azioni sue non ha bisogno di avvertimenti d'altri. È *un buo proverbio*, commenta Provenzano.

Ma il consiglio che il destinatario del pizzino gli ha chiesto è come deve comportarsi con un certo Antonio, molto giovane e inesperto come mafioso. Provenzano, dopo avergli detto di stare molto attento a quello che Antonio dice e se c'è coerenza tra quello che dice e quello che fa, conclude con questo proverbio che è quanto meno strano, perché il giovane è ancora *sub judice*, non si sa se è amico o nemico. Non avrebbe dovuto più correttamente citare un proverbio neutrale tipo *Amicu cu tutti, cunfidenti cu nuddu* (Amico con tutti, confidente con nessuno) oppure *Amicu e guàrdati*?

Con gli intimi e i mafiosi autentici fare ricorso a proverbi contadini sarebbe una diminuzione, le sue citazioni saranno sempre tratte dalle sacre scritture.

Ma citando quell'unico proverbio, Provenzano inconsapevolmente rivela tutta la sua idiosincrasia verso i giovani e verso le nuove conoscenze.

PROVVIDENZA, DIVINA. Naturalmente, oltre a Gesù Cristo onnipresente nei pensieri e nelle azioni, anche la Divina Provvidenza ogni tanto corre in soccorso di Provenzano quando si viene a trovare in difficoltà. A Nino Rotolo scriveva:

Carissimo, ci fosse bisogno, che ci dovessimo vedere di presenza per commentare alcune cose. Mà non potendolo fare di presenza, ci dobbiamo limitare ed accontentare della Divina Provvidenza del mezzo che ci permette.

Il mezzo è quello dei pizzini.

L'idea dei pizzini, però, parrebbe più un'idea suggerita dallo Spirito Santo che non dalla Divina Provvidenza. Ma con lo Spirito Santo Provenzano non ci bazzica, perché, a quanto pare, non lo cita mai.

PUNTAMENTO. Il Mortillaro, nel suo citato *Dizionario*, alla voce "Puntamentu" rimanda ad "Appuntamentu".

Nel dialetto siciliano i due termini sono usati indifferentemente, ma "puntamentu" appartiene piuttosto alla parlata contadina.

Negli ultimi tempi della latitanza Provenzano decide di non andare più agli appuntamenti con altri e molto raramente concede udienza, anche se le richieste sono molte.

Perché agisce così?

Perché andare di persona a un appuntamento sarebbe, in un certo qual modo, una diminuzione d'autorità, non è lui che deve andare dagli altri, ma sono gli altri che devono andare da lui.

Ma allora perché concede con tanta avarizia l'assenso alle visite?

La prima ragione è legata a una elementare norma di sicurezza. Meno persone conoscono la strada per arrivare al luogo dove sta nascosto e meglio è. Un viavai di gente sconosciuta potrebbe suscitare sospetti anche nei vicini.

E inoltre più persone si recano da lui e più probabilità ci sono che la polizia, che magari sta pedinando qualcuno di loro, arrivi a scoprire il suo rifugio segreto.

Quindi scrive a coloro che più insistono di portare pazienza, di contentarsi dei pizzini, i colloqui a quattr'occhi torneranno sicuramente a esserci, ma ora come ora i tempi non sono propizi.

Ma c'è una ragione ancora più sottile.

La sua "invisibilità", oltre a rientrare nell'ovvio comportamento di qualsiasi latitante, nel suo caso specifico serve ad aumentare la distanza tra lui e gli altri. La sua inavvicinabilità è un altro segno del potere che detiene. Inoltre gli crea quell'aura di eremita ispirato da Dio sulla quale egli conta molto.

E forse, più in profondo, c'è una ragione che Provenzano non dice nemmeno a se stesso.

La malattia.

Di certo egli non vuole farsi vedere da nessuno, a eccezione della ristrettissima cerchia di fidati, perché intuisce che sarebbe un grave errore mostrarsi quale è diventato, come i disagi degli ultimi tempi di latitanza e il male l'abbiano indebolito, reso bisognoso di cure assidue.

Troppi i pretendenti al trono, che per adesso fingono assoluto rispetto e devota sottomissione. Ma nella mafia un nuovo papa lo si elegge non quando il vecchio è morto, bensì mentre è ancora malato.

L'organizzazione non può permettersi il lusso di avere a capo un uomo menomato, non più nel pieno possesso delle sue forze.

Una volta, soprattutto nei primi tempi della sua investitura, invece ci andava, agli appuntamenti.

I pentiti raccontano che se lo vedevano comparire, sempre a piedi e sempre puntualissimo, nel luogo dell'appuntamento. Luogo da lui stabilito.

Quindi tutti si facevano persuasi che doveva per forza abitare nelle vicinanze. E quando qualcuno raccontò questi particolari, invano la polizia setacciò i dintorni. Perché ignorava le molteplici precauzioni che Provenzano prendeva per recarsi a un appuntamento.

Certe volte partiva il giorno prima dal posto dove stava nascosto con una macchina che provvedeva a cambiare dopo aver percorso un certo numero di chilometri.

Quindi la lasciava e ne prendeva un'altra con la quale arrivava relativamente vicino al luogo stabilito. Venuta la notte, non dormiva in macchina, ma in un sacco a pelo che collocava in qualche anfratto o nel folto degli alberi.

La mattina riportava il sacco a pelo nell'auto, si lavava, si radeva, magari si cambiava d'abito, e quindi si faceva a piedi i due o tre chilometri che lo separavano dal posto concordato.

Compariva fresco, pulito, riposato: proprio come se avesse abitato a pochi passi di distanza.

RAGIONAMENTO. In qualsiasi dizionario della lingua italiana, il ragionamento viene così definito:

Ogni discorso che abbia o presuma di avere un fondamento razionale e una conseguenza logica.

Nel siciliano dei malavitosi e della mafia il *raggiunamentu* invece non è equivalente, acquista assai diverso significato.

Anzitutto può trattarsi, al contrario di quanto afferma il dizionario, di un discorso destituito da qualsiasi fondamento razionale, con conseguenze tutt'altro che logiche.

Leggendario, in questo senso, il *raggiunamentu* tra due piccoli mafiosi (che nutrivano una reciproca antipatia) nato perché uno dei due, che stava seduto a un tavolo del caffè a mangiarsi un gelato, aveva cacciato via una mosca e quella era andata a cadere dentro il bicchiere di latte di mandorla che l'altro stava sorseggiando seduto a un tavolo vicino. Questi sostenne che la mosca era stata in qualche misterioso modo guidata dall'avversario fino a farla cadere nel suo bicchiere. Il *raggiunamentu* inevitabile si concluse in aperta campagna, a coltellate: uno ci lasciò la pelle e l'altro restò gravemente ferito.

Il *raggiunamentu* si rende necessario dunque per chiarire una controversia nata per contrasti (d'interesse, sentimentali, per supposti sgarbi reciproci eccetera) tra due o più persone o numerosi gruppi di persone o eserciti di intere famiglie estese fino ai cugini di terzo grado, ai parenti emigrati all'estero che, affrontando lunghissimi viaggi anche dall'Australia o dalla Terra del Fuoco, tornano per l'occasione.

Assai raro il caso che un *raggiunamentu* si concluda con una pacificazione generale che trova la sua celebrazione nello *schiticchio*, vale a dire una gran mangiata collettiva di rigatoni al sugo di porco e agnello al forno con patate innaffiati da interi barili di vino.

Più frequentemente il *raggiunamentu* sfocia nella "conseguenza logica" di una vera e propria battaglia campale.

E non è detto che non sia l'inizio di una faida destinata a durare per decenni.

Naturalmente un *raggiunamentu* non ha limiti di tempo, può durare un giorno come una settimana e non può essere interrotto per nessun motivo.

Si racconta di un *raggiunamentu*, al quale presero parte una trentina di persone divise in due gruppi avversi, iniziato con le parole e sempre con le parole proseguito per tre giorni e tre notti, quindi divenuto per un altro giorno scontro armato e poi ancora conflitto a fuoco con morti e feriti da entrambe le parti. Durante quei cinque giorni vennero concordate brevi tregue nel corso delle quali i ragionatori potevano essere rifocillati da vicini solidali.

Ovvio che ogni *raggiunamentu* va tenuto in luogo appartato, protetto da sentinelle neutrali che possano segnalare per tempo arrivi indesiderati di poliziotti, carabinieri, eventuali nemici dei due gruppi in gara eccetera.

Provenzano raccomanda di andarci cauti coi *raggiunamenti*. Ma se il raggiunamentu è assolutamente necessario, egli detta sapienti regole di comportamento:

Ricordati che non basta mai avere una sola prova per affrontare un ragionamento, per essere certi in un ragionamento occorrono tre prove, e correttezza e coerenza.

REGOLE DI VITA. Ogni estensore di regole scritte rivolte a chi vuole intraprendere una qualsiasi attività di lavoro, di svago o di sport, è sempre un esperto della sua materia: così Soldini scriverà le regole per chi vuole imparare a solcare gli oceani in solitaria e il generale Bayo, che fu istruttore militare di Castro e dei suoi, detterà le regole per chi vuole apprendere come si organizza la guerriglia urbana.

Ma se un antologizzatore volesse comporre un libretto intitolato *Regole del buon mafioso* ricavandolo dagli insegnamenti che un grande esperto come Provenzano dissemina nei suoi pizzini, si troverebbe ben presto in grave difficoltà.

Perché quelle di Provenzano non sono mai regole e ammaestramenti circoscritti allo specifico, anzi, non hanno nessuna specificità, essendo in realtà regole di vita valide persino per gli allievi degli istituti religiosi.

Il tono di queste regole poi è quello stesso di un libro educativo che furoreggiò nell'Ottocento, il *Giannetto*, dove s'insegnavano alli giovanetti lo costumato sentire, la buona creanza, l'honesto agire.

Ti prego di essere calmo, e retto, corretto e coerente, sappi sfruttare l'esperienza delle sofferenze sofferte, non screditare tutto quello che ti dicono, e nemmeno credere a tutto quello che ti dicono, cerca sempre la verità prima di parlare...

E ancora:

Bisogna sempre sentire l'altra campana.

E ancora:

Ricordati che sbagliare è umano, basta dirlo e si chiarisce.

Chi non vorrebbe un figlio educato da siffatto pedagogo?

Non perde occasione, Provenzano, per divulgare l'immagine che si è creata con l'aiuto di Pino Lipari: quella cioè di un uomo che parla ispirato da Dio, di un uomo che ha saputo *sfruttare l'esperienza delle sofferenze sofferte* nel senso che da esse ha saputo trarre saggezza, comprensione del mondo, capacità di penetrare nelle pieghe dell'animo umano.

E questo tesoro accumulato negli anni il vecchio della montagna non vuole tenerlo avaramente tutto per sé, ma è prodigo nel darne piccole schegge, densi distillati, scintillanti frammenti a chi con devozione glielo chiede.

Ma il tono decisamente cambia quando gli chiedono un altro tipo di consiglio, se un tale (in codice MM) secondo lui possa entrare a far parte dell'organizzazione mafiosa. Dopo averlo incontrato, Provenzano risponde:

... sendi io conosco poco, sia atte, che a MM, amme mi sempra che MM è una brava persona, e forse molto semplice, e umpò inesperiende della malvagia vita di fra noi, e à bisogno che uno lo guida è bene, e può andare avande...

Qui non si lascia andare a consigli generici, ad alti insegnamenti morali, ma va subito al sodo: essendo MM *inesperiende della malvagia vita di fra noi*, bisogna mettergli accanto qualcuno che sappia renderlo *esperiende* al punto giusto, cioè malvagio come gli altri.

RELIGIOSITÀ. Molti mafiosi, per quanto assurdo possa apparire, sono religiosi.

Un feroce capomafia di Misilmeri, Momo Grasso, ogni anno interpretava la parte di Gesù nella rappresentazione popolare della Passione. Ci teneva tanto che tentare di soffiargli la parte poteva avere esiti letali.

Quando la polizia arresta il capomafia Pietro Aglieri, si sorprende di trovare nell'appartamento dov'è nascosto una piccola stanza destinata a cappella con tanto di altare con reliquia e statua della Madonna. Ancor più si sorprende quando apprende che Aglieri aveva un padre spirituale, un prete che l'andava a trovare e che regolarmente lo confessava. Ma non c'era da stupirsi. Aglieri infatti, dopo l'uccisione di don Pino Puglisi da parte della mafia, ancora latitante si era voluto incontrare col parroco della chiesa della Magione per dirgli quanto fosse rimasto turbato da quell'omicidio. Aglieri era il figlioccio molto amato da Provenzano e i due si tenevano in stretto contatto.

Ancora un esempio. Nel salotto di casa sua a Palermo il mafioso Giuseppe Guttadauro, aiuto primario dell'Ospedale civico, una sera del gennaio 2001 raduna due amici coi quali discute di appalti truccati, di lotti edificabili da comprare, di altri affari poco puliti. Non sanno d'essere oggetto di una intercettazione ambientale. In una pausa, uno dei tre, cambiando discorso, dice che avrebbe voglia di fare un viaggio a Lourdes e di confessarsi. «Attento» gli ribatte Guttadauro «al confessore che scegli. Bisogna che sia uno intelligente. A me è capitato di sentirmi dire dal confessore che la mafia era peccato, spiega. Al che gli ho risposto» continua Guttadauro, «ma dove sta scritto questo peccato?»

Una piccola parentesi. Dunque esistono preti *intelligenti*, disposti cioè a capire e a perdonare la mafia e i suoi delitti, e preti non *intelligenti* che finiscono col fare la fine di don Puglisi e di altri. Il problema è che in Sicilia moltissimi preti da sempre hanno avuto voglia di mostrarsi *intelligenti* col malaffare. La "bolla di componenda" (sulla quale il curatore del presente dizionario ha scritto un saggio omonimo) risale addirittura al 1477, ma allora si chiamava *taxa cancelleriae et poenitentiariae romanae*, e consiste in un elenco, sostanzialmente un tariffario, di tutti i reati possibili (escluso l'omicidio) che una persona aveva intenzione di perpetrare nell'anno a venire. Per ogni reato si pagava la somma corrispettiva, e con questo pagamento il reo poteva godere "con tranquilla coscienza" del maltolto come "cosa propria giustamente guadagnata e acquistata". Insomma, pagando, davanti a Dio si era assolti dal reato-peccato. Chiusa la parentesi.

La svolta di Provenzano risale alla seconda metà del 1993. Prima che essa avvenga, il 9 maggio dello stesso anno Giovanni Paolo II nella Valle dei Templi di Agrigento pronunzia la sua forte condanna della mafia:

> Dio ha detto una volta: Non uccidere! Non può l'uomo, qualsiasi uomo, qualsiasi umana agglomerazione, qualsiasi mafia, non può cambiare e calpestare questo diritto santissimo di Dio!

Queste parole sembrarono passare inosservate. In realtà, come annotano Palazzolo e Prestipino, scavarono un solco profondo negli ambienti mafiosi. Antonino Cinà le giudicò *una sbrasata*, da non prendere sul serio, ma al contrario quelle parole suscitarono una vera e propria crisi nella coscienza di un sicario come Ino Corso al quale Aglieri aveva raccomandato di andare di tanto in tanto in chiesa.

«Quando so che domani mattina mi arriva un ordine di fare una cosa male, e devo andarla a fare, ma che ci vado a fare in chiesa, fatemi capire che cosa devo andare a fare con la chiesa, che cosa ci devo andare a dire al Signore, non lo faccio più? Non lo posso mantenere, meglio che non ci vado.»

Le parole di Giovanni Paolo II ebbero per Provenzano un significato diverso che per tutti gli altri, dovettero suonare come una conferma, come un supremo avallo se non addirittura come un'investitura. Non era la conferma dell'errore, anche religioso, della politica delle armi? "Non uccidere" non era ciò che lui aveva cominciato a predicare subito dopo essere diventato il capo dei capi? Non bisognava tornare a tutti i costi all'antica autodefinizione che gli uomini d'onore erano portatori di pace e di giustizia?

Da allora, le manifestazioni della religiosità di Provenzano diventano di giorno in giorno più evidenti. È assodato che, dietro sua richiesta, due sacerdoti si recarono a trovarlo negli ultimi anni di latitanza. A un certo punto egli arriva a manifestare apertamente la convinzione che tutti i suoi atti godano del sostegno divino. Dio è con lui. *Gott mit uns.*

Ma c'è o ci fa? Certo, se la volontà di Dio viene a coincidere con la volontà di Provenzano, i dubbi di Ino Corso non hanno più ragione d'essere. E quindi la religiosità di Provenzano sarebbe solo una finzione per tenere uniti i suoi?

Ma forse c'è un'alta percentuale di sincerità nel suo atteggiamento.

Mio adorato Signore Gesù Cristo, insegna a conoscere e a parlare come parla lo Spirito di Dio e lo spirito di Cristo. Ti prego, esponemi le cose spirituale.

E ancora:

In qualsiasi posto, o parte del mondo, mi trovo in qualsiasi ora io abbia a comunicare sia parole, opinioni, fatto, scritto, chiedere a Dio il suggerimento, la sua guida, la sua assistenza, affinchè con il suo volere possano giungere ordine perlui eseguirlo affin di Bene.

Questi non sono brani di pizzini, ma vere e proprie preghiere scritte su due foglietti e infilate tra le pagine della sua prediletta Bibbia.

Quando il vicequestore Cortese e la sua squadra fanno irruzione nella masseria di Montagna dei Cavalli, vi trovano un quadro rappresentante l'Ultima Cena, due quadretti rappresentanti la Madonna, innumerevoli rosari di cui uno in bagno, una Bibbia, un calendario del 2000 con l'immagine di Padre Pio, un piccolo presepe, un libriccino intitolato *Pregate, pregate, pregate*, novantun santini dei quali settantatré tutti eguali, raffiguranti Gesù in croce con la scritta: "Gesù io confido in Te". Palazzolo e Prestipino suppongono che Provenzano li distribuisse o li inviasse agli amici. Ipotesi più che verosimile. Del resto, anche Totò Riina, quando venne arrestato, aveva in tasca un santino. E così molti altri: quasi sempre l'immagine di Padre Pio.

Ma cos'era la religione per Provenzano? O meglio, che cos'è ancor oggi la religione per la maggior parte dei siciliani, mafiosi e no? Ha scritto Sebastiano Aglianò, nel 1945, che a vedere la quantità di chiese che ci sono nell'Isola e le folle di fedeli che le frequentano, si potrebbe credere che nessun popolo sia, al confronto, più cattolico. Ma in realtà le cose stanno diversamente. Scrive testualmente Aglianò:

La coreografia del cattolicesimo trova facile appiglio nell'immaginazione degli abitanti, tocca poco l'animo o non lo tocca assolutamente. Il culto dei santi è molto diffuso: segno anche questo di esteriorità. Forme di idolatria si mescolano bizzarramente con i dettami di madre Chiesa.

Nell'Ottocento tanto Pitré quanto Stocchi erano giunti a una medesima conclusione, essere i siciliani, per loro disposizione naturale, non religiosi ma superstiziosi.

E dunque: coreografia, esteriorità, idolatria, superstizione. Queste le componenti della religiosità di Provenzano. Di conseguenza, le sue invocazioni a Dio, a Cristo, alla Provvidenza sono più scongiuri, parole magiche, frasi scaramantiche che non preghiere autentiche.

Solo che non sanno di esserlo.

RISATA. Nei racconti dei mafiosi pentiti che vissero e operarono in rapporto costante con Provenzano, non c'è mai l'accenno a una sua risata. Niente, non ride nemmeno malvagiamente come nei fumetti ci si immagina possa farlo il capo dei capi della mafia, non sghignazza, non sbotta in un'aperta risata e non ride neppure a denti stretti.

La sua espressione preferita pare sia stata sempre l'impassibilità. Al massimo, sulle labbra gli si disegnava un sorriso appena accennato.

Solo una volta lo videro ridere fragorosamente.

Racconta Giuffrè che una volta sentì Lipari che domandava a Provenzano: «Ti ricordi quando siamo andati a vedere *Il Padrino*?». Per tutta risposta, Provenzano si mise a ridere. Giuffrè non domandò spiegazioni per quello scoppio d'ilarità e quindi il motivo della risata rimase avvolto nel mistero. Alcuni suppongono che quella risata sia stata un segno di gradimento.

Ma può anche darsi che Provenzano ridesse per qualcosa che era capitato mentre vedeva il film. Oppure rideva proprio per quel film nel quale non c'è niente da ridere?

Con tutto il rispetto per Marlon Brando, io credo che Provenzano si sganasciasse nell'assistere a quella fantasiosa e francamente grottesca rappresentazione della figura del padrino.

Quella storia, ai suoi occhi d'intenditore, doveva apparire un'americanata, come si definisce un film tanto esagerato da cadere nel ridicolo.

Capitò, al curatore del presente dizionario, di mettere in scena un lavoro drammatico su santa Caterina da Siena. Il pubblico normale ebbe reazioni normali, vale a dire rise quando doveva ridere e pianse quando doveva piangere. Poi ci fu una serata riservata alle suore. Ebbene, le suore risero di cuore in momenti nei quali l'altro pubblico non aveva mai riso e si commossero per scene nelle quali nessuno prima si era commosso.

Le suore leggevano quel testo dall'interno, cioè con profonda cognizione di causa, e forse scoprivano spunti comici nel fatto che l'autore, un laico, mostrasse comportamenti non perfettamente consoni alle rigide regole monastiche, ai modi usuali della vita conventuale.

Può darsi che Provenzano ridesse perché anche lui leggeva quel film da profondo intenditore.

Comunque sia, la musica del *Padrino* dovette piacergli. I poliziotti trovarono infatti nella masseria di Montagna dei Cavalli un'audiocassetta con la colonna sonora del film.

RIUNIONI. Numerose e frequenti furono le riunioni, i summit dei capimafia che Provenzano indisse nel primo periodo della sua ascesa al potere.

Si trattava di riparare i danni provocati dalla strategia errata di Riina, arginare la tracimazione del pentitismo, un fiume che ogni giorno s'ingrossava, affrontare la crisi delle vocazioni (diventava sempre più difficile arruolare nuovi picciotti), riportare l'ordine interno dopo l'interregno di Bagarella, costruire nuovi equilibri, cercare nuove alleanze, ripartire territori e zone d'influenza, far accettare a tutti il nuovo corso mentre ancora non si era dissolto l'acre odore di polvere e sangue delle stragi, mettere in riga i riottosi.

Problemi tutti che era necessario affrontare attraverso lunghe sedute plenarie, perché ogni altro metodo, tipo riunioni ristrette o gruppi di studio separati, poteva suscitare sospetti e invidie e inoltre avrebbe impiegato troppo tempo a portare a conoscenza di tutti i risultati che dovevano essere ulteriormente discussi.

Certo, le riunioni presentavano rischi altissimi. I convenuti erano nella stragrande maggioranza dei latitanti. Bastava che la polizia o i carabinieri fossero sulle tracce di uno solo di essi per tirare nella rete tutti i pesci grossi in un colpo solo.

Quindi, precauzioni a non finire. Inoltre bisognava che tutti fossero d'accordo sul tempo e il luogo. Per alcuni il luogo prescelto poteva essere troppo lontano e un lungo viaggio rappresentava un lungo periodo di pericolosa esposizione; per altri invece era troppo vicino e l'arrivo di tante persone sconosciute in zona avrebbe potuto far nascere qualche malaugurata curiosità.

Insomma, la laboriosa preparazione di un summit mafioso non aveva nulla da invidiare al complesso lavoro preparatorio per un incontro tra capi di Stato.

Durante le riunioni, come si diceva, c'era sempre il pericolo di un'irruzione della polizia. Per scongiurare nei limiti del possibile questo rischio, Provenzano usava comparire sempre per ultimo, dopo aver preso le solite precauzioni, faceva certe volte aspettare a lungo i convenuti, spesso mandava un suo fidatissimo in avanscoperta mentre lui se ne stava in attesa del via libera a una certa distanza nascosto tra gli alberi o in qualche anfratto.

Almeno una volta, ma pare che sia accaduto più volte, questi accorgimenti lo salvarono dall'arresto. Fu quando la polizia arrestò Benedetto Spera. Pro-

venzano, che stava recandosi al summit e aspetta-
va ai margini di un bosco, vide arrivare gli agenti e
s'infrattò.

Memorabile il summit di Mezzojuso del 31 ottobre 1995. I partecipanti non convennero con le loro
macchine, ma si fecero trovare nei diversi posti sta-
biliti dove un'auto passò a prelevarli a uno a uno.
Questo per evitare il crearsi improvviso di un par-
cheggio che avrebbe di certo dato nell'occhio. Lungo la strada erano state disposte numerose vedette
per segnalare macchine sospette.

La riunione si tenne in uno sperduto casolare.
Tra i presenti, oltre naturalmente a Provenzano che
la presiedeva, c'erano Luigi Ilardo (che faceva un
gioco assai pericoloso, infatti riferiva tutto al colonnello dei carabinieri Riccio), Lorenzo Vaccaro,
Salvatore Ferro e Cola La Barbera, in rappresentan-
za delle famiglie di Caltanissetta e di Agrigento;
Giovanni Napoli, funzionario dell'assessorato regionale Agricoltura e Foreste; Benedetto Spera e il
primario Di Noto.

Scrivono Palazzolo e Prestipino:

L'incontro di Mezzojuso si trasformò presto in una
piccola convention, con discorso iniziale e gruppi
di studio al pomeriggio. Il tema all'ordine del giorno era uno solo: "avviare la fase di inabissamento
dell'organizzazione, periodo necessario dai 5 ai 7
anni, per recuperare una sufficiente tranquillità,
condizione essenziale allo sviluppo di affari e complicità". ... Per ulteriori contributi al dibattito av-
viato, la base dell'organizzazione avrebbe potuto

far capo a un numero telefonico, e verrebbe da dire un numero verde, perché era quello dell'ufficio di Giovanni Napoli all'assessorato regionale Agricoltura e Foreste, a Palermo. Ma nessuno telefonò. Tutti ormai preferivano scrivere pizzini.

Un'altra riunione si tenne per discutere sulle conseguenze delle stragi. Questa volta era presente anche Salvatore Lo Piccolo (che alcuni considerano, con Matteo Messina Denaro, il probabile successore di Provenzano).

Risulta che Provenzano adoperò lo stesso casolare di Mezzojuso per altre riunioni, lo riteneva relativamente sicuro.

Poi, facendosi i tempi sempre più difficili, i movimenti, gli spostamenti di Provenzano si resero troppo rischiosi. E i summit diradarono.

Allora Provenzano creò una sorta di consiglio della corona del quale fecero parte pochissimi ma ascoltati consiglieri: Benedetto Spera, Pino Lipari, Nino Giuffrè, Tommaso Cannella.

Le riunioni si tennero sempre a Mezzojuso. Fino al 30 gennaio 2001, quando in un cascinale vicino Spera venne arrestato. Da quel giorno in poi le riunioni vennero, per cause di forza maggiore, abolite.

RUOLO. Il curatore del presente Dizionario chiese al dottor Renato Cortese, l'uomo che dopo otto anni di caccia era riuscito ad arrestare Provenzano entrando per primo nella masseria di Montagna dei Cavalli, cosa avesse provato in quel momento. La domanda era abbastanza sciocca nella sua ovvietà. La risposta invece fu sorprendente: «Una sensazione di già visto». Se l'era talmente sognata, immaginata, quella scena, da averla addirittura vissuta prima ancora che avvenisse.

E quindi è naturale che il giornalista Francesco La Licata domandi al procuratore antimafia Piero Grasso se, dopo la cattura, ha avuto modo d'incontrarsi con Provenzano, dopo averlo inseguito così a lungo.

È stato un incontro fugace, quasi una presentazione formale visto che per anni mi ero occupato di lui senza essere mai riuscito a vederlo. Ci siamo incrociati per qualche attimo alla squadra mobile di Palermo. Stavamo entrambi in piedi e mi è venuto l'impulso di chiedergli se avesse bisogno di qualcosa, come una sorta di atto dovuto.

Provenzano risponde che vorrebbe gli venisse fatta l'iniezione trimestrale per la sua malattia alla prostata. Ha in tasca la fiala. Il procuratore fa cercare un medico e, nell'attesa, gli dice: «Senta, signor Provenzano, sappia che se c'è qualcosa da fare per questa nostra Sicilia io sarò sempre disponibile».

A queste parole, il leggero sorriso che Provenzano ha sulle labbra scompare, i suoi occhi diventano fissi, seri. Sia pure con una certa fatica, Provenzano cala una maschera d'impassibilità sulla sua faccia. In tutta evidenza, la frase del procuratore l'ha preso alla sprovvista. E in effetti, la frase è quanto meno sorprendente.

Poi, dopo qualche secondo, con voce quasi impercettibile, risponde: «Sì, ma ognuno secondo il suo ruolo».

Disse proprio *ruolo*, con buona proprietà di linguaggio

commenta il procuratore. E aggiunge:

... con due parole aveva puntualizzato: "Tu fatti lo sbirro che io mi faccio il mafioso. Tra noi non c'è possibilità di rapporto".

Grasso toccava un punto nodale della riforma organizzativa che Provenzano aveva imposto alla mafia, soprattutto dopo la breve reggenza di Bagarella quando, come ebbero a dichiarare numerosi pentiti, ognuno faceva di testa sua e non voleva più stare al proprio posto.

La distribuzione e l'osservanza dei ruoli fu un caposaldo della riforma Provenzano.

Grasso sottolinea la proprietà di linguaggio messa in atto in quel particolare momento da Provenzano. Si tratta dell'italiano adoperato da molti mafiosi come mezzo di difesa.

Al curatore uno dei giudici che formarono il primo pool raccontò che Falcone, dovendo interrogare un piccolo mafioso che si chiamava Giuseppe X e che di mestiere faceva il conciapelle, ma che da tutti era chiamato *Pinu Piddraru*, esordì parlandogli in dialetto: «Senti, Pinu Piddraru...».

Al che l'altro, prontamente: «Guardi che io mi chiamo Giuseppe X e sono soprannominato Piddraru perché conciapelle. La prego di chiamarmi col mio vero nome e di usare l'italiano».

L'uso del dialetto abolisce, tra due conterranei, la distanza e, in quelle situazioni, può risultare troppo pericolosamente familiare.

Sacco dell'immondizia. È stato un volgare sacco dell'immondizia a riuscire fatale a Bernardo Provenzano.

Si disilludano però tutti coloro che vogliono scorgere in questo fatto i segni di un destino beffardo che mette in atto la legge del contrappasso: il sacco non conteneva immondizia, ma biancheria accuratamente, amorosamente lavata e stirata.

Approfittando del fatto che la masseria di Montagna dei Cavalli si trovava relativamente vicina al paese dove abitava la sua convivente, Provenzano le inviava la biancheria sporca e la riceveva indietro pulita.

Molte volte, in altre occasioni, la biancheria di certo sarà stato costretto a lavarsela da sé, e si sa che gli uomini non eccellono in questi particolari compiti.

C'è stato anche un periodo nel quale Provenzano

ha abitato in un covo provvisto di elettrodomestici, come si ricava da una lettera della signora Saveria:

Vita mia ti sto mandando due paia di calzettoni che vanno bene per il freddo: li puoi lavare a mano o anche in lavatrice.

In altri pizzini scrive d'aver mandato pantaloni, camicie, biancheria.

Provenzano non poteva permettersi più l'eleganza di una volta, ma ci teneva a essere sempre in ordine, curava la sua persona e amava la pulizia (attenzione: con la "u").

Naturalmente, a portare i pacchi (o i sacchi) a Provenzano erano gli stessi che gli portavano i pizzini.

Ma un sacco non è un pizzino, non lo si può infilare nel taschino della giacca o nascondere nel risvolto dei pantaloni.

Insomma, se un nipote di Provenzano, Giuseppe Lo Bue, tenuto sotto stretto controllo dalla polizia perché ritenuto in contatto con lui, esce dalla casa in paese dove abita la signora Saveria tenendo in mano un sacco dell'immondizia, è logico in un primo momento pensare che stia usando una cortesia alla zia e aspettarsi che vada a gettarlo nel cassonetto che è a pochi passi dal portone.

Invece Lo Bue passa davanti al cassonetto, arriva alla sua macchina, apre il bagagliaio, ci mette dentro il sacco e parte. Poi arriva davanti a un'altra casa dove si sa che abita un noto mafioso nipote di Provenzano, Carmelo Gariffo, vi entra, ci sta un po' di tempo, ridiscende, riparte, passa davanti a un altro cassonetto, prosegue nei suoi giri apparentemente privi di senso fino ad arrivare a casa di suo padre, Calogero Lo Bue, il quale prende in consegna il sacco e lo mette nella sua auto.

L'indomani mattina, teoricamente, Lo Bue padre non dovrebbe poter entrare nella macchina per il puzzo appestante. Invece ci entra, comincia a fare anche lui lunghi giri e mai si ricorda di liberarsi del sacco, pur passando e ripassando davanti a decine di cassonetti. Il giorno appresso la situazione non è mutata, solo che gli investigatori lo vedono consegnare il sacco, sempre a Corleone, a Bernardo Riina. Il quale il giorno successivo ancora imbocca la strada che conduce alla Montagna dei Cavalli, dove gli investigatori pensano si trovi Provenzano.

A questo punto sembra indiscutibile che quel sacco, qualunque cosa contenga, è come un radiofaro che indica finalmente la posizione esatta di un uomo ricercato da quarantatré anni.

Solo una volta, a quanto pare, la posta fu recapitata nell'arco di un giorno: si trattava evidentemente di qualcosa di urgentissimo.

SCRITTURA. Rarissimi i foglietti autografi di Provenzano.

Sono quasi sempre appunti su argomenti da tenere presente per poterli successivamente inserire nei pizzini da inviare.

Uno di essi, su un foglio di carta a quadretti, è così concepito:

ARGOMENTO

1° Scaliddi. Cognato, Argomento promessi non mantenuti (i soldi li anno trovati 10, lià il 5. E 15. Il 12 N MANTENUTI.

2° Tagliavia Lavori RIMPOSCHIMENTO Chiesto come siamo compinati risposta fu Detta Una parola.

3° Chiedere come è compinato è

Si tratta con tutta evidenza di un elenco incompleto di persone che non hanno mantenuto i loro impegni.

Addirittura, per la faccenda del rimboschimento, risposero a un sollecito di pagamento prendendo un preciso impegno (*Detta Una parola*), ma, passata la scadenza, non ottemperarono.

Il *mancamento di parola* faceva piombare Provenzano in una gelida furia, evidenziata dalle sottolineature.

'U porcu pi la cuda e l'omu pi la parola, dicono i contadini siciliani: il porco si distingue per la coda e l'uomo per la parola, dove con "parola" non s'intende il linguaggio, bensì la parola data che bisogna a tutti i costi rispettare.

Però si vede benissimo, anche da queste poche righe, che Provenzano fatica a tenere la penna in mano. E anche per questo preferisce usare la macchina da scrivere.

Con la macchina gli errori s'infittiscono tanto e così tanto spesso si ripetono uguali da diventare uno stile. Al quale molti dei suoi corrispondenti finiranno in certo qual modo coll'adeguarsi.

Ma anche dietro a questi errori c'è un piccolo mistero, come in tutte le cose che riguardano Provenzano.

Quando nel 1998 alcuni pizzini vennero mostrati all'avvocato Salvatore Traina, allora difensore di Provenzano, questi rimase molto stupito. «Non riconosco affatto la scrittura del mio cliente. Dunque, ho seri dubbi sull'autenticità delle lettere che gli vengono attribuite. Nelle nomine che Provenzano mi ha mandato nel corso degli anni non è mai comparso alcun errore.»

Possibile che Provenzano, semianalfabeta com'era, non avesse mai commesso errori? Se nelle nomine non c'erano errori, vuol dire che gliele aveva scritte un altro. Ma in fondo l'avvocato Traina è lo stesso che ebbe a dichiarare, dieci giorni prima dell'arresto di Provenzano, che il suo cliente era morto e sepolto quando invece era ancora in piena attività.

SGRAMMATICATIZZO. Un giorno Pino Lipari viene intercettato nella sala colloqui del carcere di Pagliarelli mentre dà al figlio Arturo istruzioni sul modo migliore di scrivere un pizzino a Provenzano.

«Io faccio tutto il possibile per renderla... è scritto mezzo sgramma...»

«Io sgrammaticatizzo...»

E fin qui si potrebbe capire. Pare che Pino stia dicendo ad Arturo (che è più istruito del padre) che lui, Pino, scrive con troppe sgrammaticature e quindi bisogna fare tutto il possibile per rendere la lettera in corretto italiano.

E invece no. Invece sta esortando il figlio a scrivere a bella posta in modo sgrammaticato.

«... è fatto apposta, hai capito? Sbagliare qualche verbo, qualche cosa... mi hai capito, Arturo?... Sbagliare qualche verbo, in modo che dice... certe espressioni tipiche di lui...»

Dunque, lo sgrammaticatizzo fatto apposta. Ma perché?

Provenzano era un semianalfabeta, gli errori di grammatica e di sintassi si addensano nei suoi pizzini certe volte rendendoli comprensibili solo con molto sforzo. Ma perché poi tutti cercano di adeguarsi al suo "stile" (*certe espressioni tipiche di lui*), anche se posseggono una laurea e sono stimati professionisti?

Ci sono diverse interpretazioni.

Gli investigatori hanno supposto che possa trattarsi di un codice.

Ma un codice che si basi su delle sgrammaticature deve seguire certe regole precise per essere a sua volta decrittato; per esempio scrivere sempre *avrebbi* al posto di *avessi* oppure non dimenticarsi mai di mettere l'accento sulla "a" di ma: *mà*.

Invece Pino Lipari non dà regole precise al figlio, gli dice solo di storpiare qualche verbo a caso.

Quindi non può trattarsi di un codice.

È da escludere anche che Provenzano, vedendosi recapitare una lettera scritta in perfetto italiano, possa insospettirsi pensando che si tratti di una finta lettera scritta dalla polizia, un tranello insomma.

Provenzano riceveva lettere e pizzini da gente di un certo livello che conosceva benissimo l'italiano e che non sapeva di doversi camuffare con le sgrammaticature.

Un'ipotesi praticabile è che si tratti, per quanto possa a prima vista sembrare incredibile, di un atto di rispetto.

Provenzano assai spesso si scusa degli errori che commette scrivendo, quasi se ne vergogna.

E gli altri, quelli che sanno scrivere meglio di lui, non vogliono apparire superiori a lui. Nemmeno in questo.

Un'altra ipotesi è che appropriarsi in parte dello "stile" di Provenzano (cosa che fanno solo gli uomini più vicini a lui) significa usare tutti lo stesso linguaggio. Che in questo caso verrebbe a rappresentare, diventando un κοινή διάλεκτος (koinè diàlektos, una lingua comune), un segno d'appartenenza.

SISTEMA POSTALE. Il sistema postale inventato da Provenzano per "spedire" i suoi pizzini era piuttosto complesso e lento, ma in compenso garantiva un buon livello di sicurezza.

Ad avere contatti con lui per prendere la posta in partenza e consegnargli quella in arrivo era sempre la stessa persona che si recava a trovarlo a intervalli regolari. Lo chiameremo postino A.

All'atto di consegnargli i pizzini probabilmente Provenzano gli diceva a quale dei tre "collettori", Giuffrè, Lipari e Cinà, doveva recapitarli. Il postino A quindi consegnava tutti i pizzini al collettore indicato e questi, trattenuto il pizzino a lui destinato, smistava gli altri affidandoli, per il recapito, a un suo personale postino. A questo punto, la rete risulta composta da cinque o più persone, le quali però, in particolari circostanze, possono servirsi di altri sottopostini.

Tirate, sia pure approssimativamente, le somme, si può affermare che il servizio postale comprendeva una quindicina di addetti, alcuni dei quali solo avventizi.

La posta di ritorno veniva raccolta dai collettori che la davano al postino A per la consegna.

Naturalmente, non si trattava di posta celere. Ai pizzini venivano fatti fare lunghi giri depistanti prima della consegna. Per coprire una distanza di venti chilometri un pizzino poteva metterci tre-quattro giorni. Che in fondo è lo stesso tempo impiegato dalle Poste Italiane.

A differenza di quel che accade con le Poste Italiane, però, furono rarissimi i casi di pizzini non giunti a destinazione. E in quei rari casi erano guai seri. Una particolare sfortuna capitò al mafioso Nicola Mandalà, destinatario di un pizzino che andò perduto perché lui era fuori casa con la sua amante. Mandalà dovette rendere ragione della propria assenza, e sopportarne tutte le conseguenze: anche le ire di sua moglie, venuta a conoscenza di tutto...

Con un impiego enorme di tempo e di pazienza, gli investigatori, che erano venuti a conoscenza del sistema dei pizzini attraverso le confessioni di Ilardo al colonnello Riccio, presero a seguire i collettori, i postini e i sottopostini nella speranza d'individuare il postino A e che questi potesse portarli fino al covo di Provenzano.

Ma il sistema postale si rivelò essere un rompicapo. Gli investigatori riuscivano a seguire i pizzini solo per alcuni tratti del percorso, poi una maglia mancante impediva il formarsi di una catena più lunga. Le indagini, i pedinamenti, le intercettazioni a un certo momento conducevano a un punto vuoto, a una strada senza uscita.

Finché gli investigatori cambiarono totalmente tattica. Invece di continuare a seguire gli addetti postali, decisero d'arrestare tutti quelli che erano riusciti a individuare.

Era una mossa azzardata, significava portare a conoscenza di Provenzano che gli inquirenti, smantellando il suo sistema postale, non solo conoscevano il suo modo di comunicare, ma avevano messo le mani su uomini che un giorno o l'altro forse avrebbero potuto decidersi a parlare, a tradire, a indicare il suo segreto rifugio.

Si rivelò una mossa vincente. Provenzano non poteva rischiare di rimanere tagliato fuori e quindi dovette sostituire i postini arrestati con pochi uomini che erano legati a lui da rapporti di parentela, già da tempo sotto stretta sorveglianza della polizia.

Così gli investigatori riuscirono addirittura a piazzare una serie di telecamere in alcuni posti che presumevano essere strategici per il percorso della posta.

E videro, più volte, che una macchina bianca partiva da un punto A, faceva alcuni giri, arrivava al punto B, si fermava, ripartiva, altri giri, arrivava al punto C, altri giri a vuoto, usciva dal paese, pigliava una strada, si fermava, stava ferma per ore, ripartiva, pigliava una strada che portava a Montagna dei Cavalli...

SONDAGGIO. Prima che Riina passasse alla strategia delle stragi, Provenzano, secondo il racconto di Giuffrè, si decise a compiere un passo senza precedenti nella storia della mafia.

Volle fare uno speciale sondaggio tra tutti gli affiliati.

Naturalmente, per ovvie ragioni, non poté rivolgersi a una società specializzata (ve lo vedete Mannheimer davanti a una richiesta simile?) e quindi il sondaggio venne condotto alla buona, alla casalinga, senza minimamente fare ricorso alle corrette tecniche d'obbligo.

Secondo le intenzioni di Provenzano, avrebbero dovuto essere interpellati *politici, massoni e imprenditori*.

La domanda era una sola:

Cosa ne pensate delle stragi?

Gli addetti al sondaggio furono: Vito Ciancimino, ex sindaco di Palermo, che si sarebbe dovuto occupare dei politici; Pino Lipari, che era, nell'organizzazione, il "ministro" per gli appalti pubblici, si sarebbe rivolto agli imprenditori; collaboravano inoltre alla ricerca Tommaso Cannella (per i massoni?) e due imprenditori, Gino Scianna ed Enzo Giammanco.

I risultati che gli pervennero, Provenzano li tenne per sé. Ma Giuffrè riuscì a sapere che *alcuni imprenditori del Nord* si erano dichiarati favorevoli all'eliminazione di Falcone e Borsellino.

Questa rivelazione apre uno squarcio assai inquietante su una realtà che ancora oggi si vuole ignorare: la mafia, nel suo attacco alle istituzioni, riscosse celate simpatie, ma così larghe da oltrepassare di gran lunga lo Stretto e raggiungere le nebbie della Valpadana. Del resto, Leonardo Sciascia non aveva scritto che "la palma va a Nord"?

Ma la maggioranza delle risposte dovette essere d'altra natura. E Provenzano, qualche tempo prima dell'eccidio di Capaci, fece tornare in paese la sua compagna e i suoi due figli, quasi una personale presa di distanza dall'operato di Riina.

Ma dopo le stragi, quale fu la reazione dei mafiosi che non erano stati interpellati dai sondaggisti?

La maggioranza non dovette condividere, capì che quella guerra era insensata. Ne fa fede un racconto, intercettato, di Pino Lipari a Salvatore Miceli, in cui il primo parla di un incontro tra lui, Spera, Giuffrè, Lo Piccolo e Provenzano, che quell'incontro aveva voluto.

«Gli dissi: "Senti Bino, qua non è che abbiamo

più due anni... non ti seccare, io me la prendo questa libertà perché ci conosciamo. Figlio mio, né tutto si può proteggere né tutto si può avallare né tutto si può condividere di quello che è stato fatto. Perché del passato ci sono cose giuste fatte e cose sbagliate, bisogna avere un po' di pazienza".

Pronunciai questa parola e Benedetto mi venne a baciare. Gli dissi: "Né tutto possiamo dire fu fatto giusto né tutto possiamo dire che è sbagliato". Cose tinti assai se ne fecero.»

È con quel bacio, plaudito dagli altri presenti, che viene universalmente sancita la strategia dell'immersione di Provenzano.

Spossatezza. Ogni tanto Provenzano coniava nuove parole, che non erano dovute alla sua scarsa conoscenza della lingua italiana o a errori di scrittura, ma erano tutte inventate e infatti non si riscontrano in nessun vocabolario siciliano.

Scrive a Giuffrè:

Di quello che ti ho detto, che è successo, è nel caso di B n. e quello che hanno trovato che mi riguarda, se non lo rigordi non fa niente, ormai mi sembra, è finita tutta spossatezza del caso.

Che significa *spossatezza del caso*? Stanchezza? Noia? Seccatura (che in siciliano sarebbe *camurria*)?

Probabilmente l'interpretazione più giusta è stanchezza. Si vede che il caso di cui parla deve averlo molto impegnato con discussioni e pizzini.

Un'altra parola è *fiore*, che certamente non è stata inventata da Provenzano, ma lui l'ha usata in modo relativamente inedito.

Il *fiore* era un regalino spontaneo, mai pari al due per cento del pizzo "classico". Quando a un imprenditore venne richiesto da due diversi gruppi di pagare il pizzo per lo stesso lavoro, gli venne suggerito di *mettersi a posto* con uno e all'altro regalare un *fiorellino*.

Ma Provenzano forse ha fatto derivare *fiore* da "fioretto" che è la promessa che i credenti fanno in cambio di una grazia chiesta o ricevuta. In genere il fioretto consiste nel privarsi di qualcosa che piace moltissimo, come non fumare per un mese, non bere caffè per un certo periodo, non mangiare cioccolata... Per gli imprenditori il fioretto provenzaniano era privarsi di un pochino di soldi extra (e il piacere supremo degli imprenditori non è forse quello di far soldi?).

Ma ci sono anche parole non decifrabili.

Argomento puntamento: Ieri ho spedidito, lo sta bene, tutto per filo e per segno, tranne dire l'arburazzo, che credo, dovrebbe servire ad'atri.

Si tratta evidentemente dell'assenso per un appuntamento: a Provenzano va tutto bene tranne *l'arburazzo*. Cos'è? Giuffrè, che era il destinatario del pizzino, non lo capì e neanche successivamente lo seppe spiegare ai giudici.

Per assonanza, potrebbe trattarsi di un albero perché in siciliano albero si dice *àrbulo* e qualche volta *àrburu*. E dunque un vecchio albero spelacchiato potrebbe anche essere un *arburazzo*.

Ma potrebbe trattarsi anche di un modo di chiamare scorrettamente un *arbunazzo* o *arbanazzo*, che è una specie di rigogliosa pianta che nasce vicino a un fiume o una sorgiva e le cui foglie emanano un odore tutto particolare.

Ma se si tratta di un albero o di una pianta, che significa che dovrebbe servire ad altri?

Può darsi che *l'arburazzo* designi il luogo dell'appuntamento.

Può trattarsi di una masseria o di un cascinale vicino un grosso albero. E forse Provenzano intende così avvertire Giuffrè che il luogo scelto per l'incontro non va bene perché lì potrebbero incontrare gente estranea.

SVETONIO. Tra i vari cifrari adoperati in tempi diversi da Provenzano ce n'è uno che lui si dice chiamasse *Svetonio*.

Un esempio tratto da un pizzino che il figlio di Provenzano, Angelo, invia al padre:

... è stato lui a mandarci da questo dottore e poi avevo intenzione di contattare, con il tuo permesso 1012 234151512. 14819647415218. In merito all'altro dottore...

Chi era l'indubbio dottore celato sotto quei due gruppi di cifre?

Gli investigatori si posero all'opera e ci misero poco a scoprire la chiave. La lettera A, invece di corrispondere a 1, come prima lettera dell'alfabeto, in realtà corrispondeva a 4. E quindi B a 5, C a 6, D a 7 e via di questo passo.

Il nome del dottore così risultò essere quello di Givanni Mercadante. Mancava una "o" nel nome, ma era cosa trascurabile, in quanto non impedì di identificare il medico nella persona di Giovanni Mercadante appunto, radiologo e deputato regionale di Forza Italia.

Ma che c'entra Svetonio?

Egli narra, nelle *Vite*, che Giulio Cesare usava nella corrispondenza riservata un suo codice segreto consistente nello spostare la lettera A di tre posti nella fila dell'alfabeto e procedere così, facendo scivolare conseguentemente tutte le altre lettere. Quindi:

a b c d e f g h i j k l m n...

D E F G H I J K L M N O P Q...

Nel codice di Provenzano invece di una lettera c'era un numero, ma il criterio era lo stesso. Svetonio scrive che anche Augusto usava il medesimo codice, solo che spostava di un posto la lettera A la quale diventava B, la B diventava a sua volta C e via di seguito.

Si sa che Provenzano aveva chiesto ai suoi più stretti collaboratori di inventargli dei codici.

Giuffrè gliene propose alcuni che Provenzano però scartò giudicandoli facilmente decrittabili. Giuffrè, per non gettare nel cestino il lavoro fatto, ne utilizzò uno nella corrispondenza con la moglie.

A quanto risulta, le *Vite dei Cesari* di Svetonio sono molto lette nelle carceri da piccoli cesari come capibanda, capimafia, delinquenti di chiara fama, sempre che siano in condizioni di saper leggere e scrivere. A Provenzano può averlo suggerito dunque qualcuno ch'era stato in galera.

Ma può averglielo proposto anche il latinista del

gruppo, Matteo Messina Denaro. Il quale ogni anno, in occasione della ricorrenza del giorno della morte del padre Francesco (era latitante, venne ritrovato senza vita sotto un albero, vestito di tutto punto, sbarbato, già pronto per essere messo nella cassa), usa far pubblicare un necrologio in latino. Quello datato "Caltagirone, 30-11-2006", così recitava:

Spatium est ad nascendum et spatium est ad moriendum sed solum volat qui id volt et perpetuo sublimis tuus volatus fuit.
(C'è spazio per chi nasce e c'è spazio per chi muore ma vola solo chi lo vuole e il tuo volo in perpetuo fu sublime.)

Gli investigatori, sempre malfidati, danno una malevola interpretazione di questo esempio di *pietas* filiale.

Secondo loro, si tratterebbe di un messaggio che in soldoni suonerebbe così: "Ora che Provenzano è fuori gioco perché è stato arrestato, c'è spazio per me e per te, caro Lo Piccolo, basta mettersi d'accordo per volare alto".

Lo Piccolo e Messina Denaro sono infatti ritenuti i due unici candidati al trono vacante.

TECNOLOGIA. Il sistema di comunicazione escogitato da Provenzano, cioè quello dei pizzini, dà, a chi della mafia possiede una conoscenza superficiale, un'idea di primitivo, di rozzo, di arretratezza contadina. Invece quel sistema era quanto di più sicuro si potesse immaginare sotto l'aspetto della segretezza.

Cosa c'è ad esempio di più intercettabile e localizzabile, oggi, di un telefono cellulare?

Infatti, gli investigatori riuscirono a individuare attraverso un cellulare la persona che aveva materialmente spedito la lettera che Provenzano inviò al Tribunale di Palermo per nominare i suoi avvocati e che recava il timbro postale di Reggio Calabria.

Da tempo gli investigatori tenevano d'occhio un imprenditore di Bagheria, Simone Castello, incensurato, quarantasettenne, uomo di sinistra, sposato con una neurologa. Un insospettabile. Gli investigatori, malgrado ciò, lo ritenevano un postino e un autorevole consigliere di Provenzano.

Siccome Castello usava spessissimo il cellulare, si scoprì che il giorno 13 aprile 1994, come risultava dal timbro postale della lettera, il telefonino di Castello, verso le ore 15, per una chiamata aveva usato un ripetitore siciliano, ma alle 16,10 aveva agganciato un ponte radio di Villa San Giovanni in Calabria e alle 18,10 il cellulare si era nuovamente servito di un ripetitore messinese.

Vale a dire che Castello era andato in Calabria e vi si era trattenuto solo per il tempo d'impostare la lettera di Provenzano.

Il quale, visto e considerato che la polizia faceva larghissimo uso di telecamere (anche a luci infrarosse), microspie, intercettazioni telefoniche e ambientali, in un primo tempo si limitò a mettere in atto una sorta di difesa passiva.

Nel marzo 2002 così scrive a Giuffrè:

... faccia guardare, se intorno all'azienta, ci avessero potuto mettere una o più telecamere, vicino ho distante, falli impegnare ad'Osservare bene. e con questo, dire che non parlano, né dentro, né vicino alle macchine, anche in casa, non parlano ad alta voce, non parlare nemmeno vici a case, ne buone né diroccate...

Infatti gli uomini di Giuffrè scoprono presto una telecamera nel casolare di Vicari (l'*azienta*).

La lasciano dove si trova, ma la spostano leggermente verso il basso, così i carabinieri che l'avevano piazzata non vedranno altro che anonimi, inidentificabili piedi.

Poi Provenzano passò al contrattacco. Volle che i suoi collaboratori si aggiornassero nella difesa tecnologica.

Uno dei suoi postini più attivi, Carmelo Amato, sessantaquattrenne, incensurato, teneva nella sua autoscuola palermitana riunioni mafiose al termine delle lezioni.

Un giorno una microspia degli investigatori captò questa conversazione tra Amato e un altro mafioso, Giuseppe Vaglica: «Mi sono comprato l'apparecchio» dice Amato. «Lo teniamo un po' tu e un po' io. Ogni tre, quattro giorni controllo la scuola, pure nelle macchine... ti fai l'ufficio... ti controlli tutte le cose, poi me lo porti di nuovo. Non te lo devi dimenticare, che serve sempre a me.»

E l'altro: «Ah, buono è... minchia, la salute mi dai così a me».

Anche Provenzano si era dotato di quell'*apparecchio*, che era un rivelatore di microspie.

Pare che prima di ogni riunione dedicasse qualche tempo a controllare minuziosamente col suo apparecchio il posto che li ospitava. Controllava centimetro dopo centimetro le pareti, salendo sopra a una sedia e quando qualcuno dei presenti si offriva di sostituirlo rifiutava, non si fidava.

Voleva essere personalmente certo che il posto fosse pulito.

UMILTÀ. Le professioni d'umiltà negli scritti di Provenzano sono frequentissime.

Egli vuole maniacalmente ribadire in ogni occasione agli altri esponenti delle famiglie mafiose che intende esercitare il suo potere di capo dei capi non come un comandante assoluto o un dittatore, come usava fare Riina, bensì come un *primus inter pares*. Doveva far dimenticare il Provenzano di prima, quello che non ammetteva né errori né meno che mai disubbidienze. Chi trasgrediva pagava con la vita.

Voleva seguire l'insegnamento dei grandi capimafia del passato, come ad esempio don Calò Vizzini che amava ripetere la frase:

Iu nuddu sugnu. Io sono nessuno.

Anche a Ulisse, dopo aver fatto quello che fece, capitò di dire che era nessuno.

Provenzano allora si mette a scrivere frasi come queste:

*Io con il volere di Dio voglio essere un servitore, co-
mandatemi, e sé possibile con calma e riservatezza vediamo di andare avandi, e spero tando, per voi nella vostra collaborazione.*

... Il mio fine è pregarvi...

... sono nato per servire...

Arriva persino alla sottigliezza di dichiarare di
volere lui, Provenzano, un consiglio da chi glielo
sta richiedendo:

*Tu mi chiedi se io ho qualche consiglio in merito, cer-
co lo stesso da te, che tu potessi consigliare a me...*

Di conseguenza mai darà ufficialmente un ordine, tutt'al più prenderà una decisione dopo aver
sentito i diversi pareri e questa decisione sarà da
lui espressa sotto forma di consiglio.

Ma nessuno si permetterà di non seguirlo, questo consiglio che in realtà è un ordine, in quanto
non solo viene da Provenzano, ma costituisce una
sorta di comune denominatore tra opposti pareri, è
l'espressione di un equilibrio faticosamente raggiunto tra contrastanti interessi.

E questo modo di comandare ha incontrato largo
favore.

Ad esempio, Pasquale Badami, rappresentante
della famiglia di Villafrati, così gli scrive:

*... mi affido totalmente a tutto quello che abbia modo
di consigliarmi lei e insegnarmi...*

E Provenzano non manca di sottolineare come
venga a trovarsi a malpartito chi non ha voluto seguire un suo umile consiglio.

Scrive a Giuffrè:

... Come ora tu mi dici, di ciccio, io che cosa posso far-

ci? Vogliono sapere da me, come si devono comportare?
Io chi sono, x poterci dire come si devono comportare? Io
affin di bene, dicevo a B n. Come comportarsi, è in parte
tu, ne sei testimone, e non mi dava ascolto, e io ci speravo
nella sua comprenzione, mà purtroppo non l'ho avuta.

E così quando, dopo l'arresto di Benedetto Spera, i suoi si rivolgono a Provenzano per risolvere i
problemi del mandamento, questi si lamenta con
Giuffrè che quei problemi ci sono ancora proprio
perché "B n." non ha voluto seguire i suoi preziosi
suggerimenti.

Ma a chi aveva saputo risolvere un grosso problema seguendo i suoi consigli, Provenzano non
esitava a manifestare la sua contentezza che era come una sorta di massimo riconoscimento che pio-
veva dall'alto:

Sei condento di sentire, che sono rimasto contento...

Visione. A un certo momento Provenzano non dovette più distinguere la sottile linea che segnava il confine tra la finzione e la realtà.

Quanto c'era di vero e quanto di falso nei pizzini così impregnati di religiosità che mandava ai mafiosi?

Non è poi tanto assurdo ipotizzare che egli, sia pure a tratti, abbia veramente creduto che le sue azioni fossero guidate da un qualcosa di soprannaturale.

Lo dimostra l'attenzione che dedicò a uno strano evento che gli venne segnalato dal figlio Angelo.

Pare che a una ragazza, abitante in un paese vicino a Corleone, fosse apparsa la Madonna e le avesse affidato un messaggio da riferire a Francesco Paolo, il figlio più piccolo di Provenzano.

Quest'ultimo, non appena ne ha notizia, s'incuriosisce oltremodo e scrive per saperne di più. Vuole sapere, oltre al contenuto del messaggio, anche il nome e il cognome della ragazza.

Ma Angelo è costretto a deluderlo:

2) Argomento. Su quella ragazza che aveva un messaggio della Madonna da dare a Paolo; non è stato ancora possibile incontrarla in quanto inizialmente mi era stato detto che era possibile che lei venisse qui in paese e incontrarsi qui invece è passato il tempo e tramite il cugino Binnu so che ha problemi a venire qui perché sua madre non la fa uscire allora ho proposto di farle scrivere una lettera che sarebbe stata consegnata a Paolo ma anche questo lei lo rifiuta motivando che nessuno le assicura che la lettera arriva a destinazione. Ora io non sono in grado di dirti il nome e cognome di questa donna perché semplicemente non mi è stato comunicato. Ora il cugino mi manda a dire tramite suo figlio che fosse per lui lascerebbe cadere la cosa, io sono un po' scettico su questa situazione ma vorrei portarla fino in fondo però vorrei chiederti se ci sono persone in questo paese che potrebbero avere dei motivi di rancore nei nostri confronti. A prescindere dalla tua risposta ti voglio tranquillizzare che non si farà nessun incontro con questa persona se tu non sei prima a conoscenza anzi capisci che è necessario che tu mi dia l'eventuale sta bene per incontrarci nel suo paese. Veramente se Dio m'accompagna io vorrei fare l'incontro in un paese non suo, non ho un'idea in particolare l'importante è che siamo in un posto pubblico, credo che tu sia dalla mia parte.

Se Provenzano aveva per poco creduto che una delle Madonne delle quali conservava quadretti e santini – la Madonna di Romitello di Borgetto; la Madonna delle lacrime di Siracusa; Maria Regina

194

dei cuori, Maria Regina delle famiglie; la Madonna
Addolorata, Maria Santissima delle Grazie di Corleone – avesse voluto mettersi in contatto con lui attraverso quella ragazza e il figlio Francesco Paolo,
la lettera di Angelo l'avrà riportato alla realtà. Angelo chiaramente sospetta un inganno che potrebbe
rivelarsi pericoloso, tanto da domandare al padre
se nel paese dove abita la ragazza (paese che Provenzano evidentemente sa già qual è) non ci sia
gente che abbia motivo di rancore verso di lui. E,
per l'eventuale incontro con la ragazza, vuole prendere la precauzione che avvenga in un luogo pubblico di un paese diverso da quello dove la ragazza
abita.

L'ipotesi che forse Angelo fa è che, come Gesù
Cristo in veste di un frate o di un prete è apparso
provvidenzialmente al padre per levarlo dai guai,
allo stesso modo una poliziotta possa essere apparsa nelle vesti della Madonna alla ragazza per sug-
gerirle come far cadere Provenzano in una trappola.

Scrivono Palazzolo e Prestipino:

Francesco Paolo spiegava a sua volta quell'esperienza del sogno ispirato dal cielo. E pure il suo tono
era di prudenza, mai di scetticismo. Quella prudenza finiva per accreditare la visione e per accrescere
l'attesa. Come se il fenomeno soprannaturale an-
nunciato fosse stato un segno. E il suo disvelamen-
to, finalmente, soluzione di tanti problemi.

Ma Provenzano, malgrado tutto, non demorde.
Il dubbio insinuatogli dai figli basta poco a fugar-

lo. E se veramente la Madonna avesse voluto mettersi in comunicazione con lui?

Insiste con la compagna, ma Saveria gli toglie ogni speranza di venire a capo di quella misteriosa faccenda:

19 Argomento Paolo ancora questa donna non viene più di una volta si dice che deve venire e non viene noi siamo tranquilli, quello che è destinato da Dio non si può cambiare...

E Provenzano finalmente si rassegna. Deve accettare la volontà di Dio che, per i suoi imperscrutabili disegni, non gli ha voluto far giungere il messaggio della Madonna.

Voi non sapete. Il vicequestore Renato Cortese, appena irrompe nella masseria di Montagna dei Cavalli, sorprende Provenzano, seduto davanti alla macchina da scrivere elettrica, che sta battendo un pizzino destinato alla sua compagna.

Sul tavolo ci sono due cartelle, una che contiene la posta in arrivo e l'altra che raccoglie quella in partenza; un vocabolario italiano (che, a quanto risulta dagli errori nei pizzini, non viene mai consultato) e la Bibbia preferita, edizione 1978, approvata dalla Conferenza episcopale italiana (che, a quanto risulta dalle citazioni nei pizzini, viene invece consultata spessissimo).

Il televisore in un angolo è acceso, sta trasmettendo i risultati delle consultazioni politiche. Vinte dal centro-sinistra con un leggero scarto di voti. Forse Provenzano, mentre scriveva alla compagna, si distraeva pensando alle possibili conseguenze del nuovo clima politico.

Cortese non gli domanda, come di rito, se lui è Provenzano, lo afferma perentoriamente: «Lei è Bernardo Provenzano».

E prosegue: «La dichiaro in arresto».

Provenzano reagisce alla sorpresa che l'ha per un momento paralizzato, accenna appena un gesto di stizza e poi mormora, ma in modo che sia sentito da tutti i presenti: «*Voi non sapete quello che state facendo*».

Detto per inciso, il vicequestore Cortese e i suoi uomini avrebbero potuto rispondergli che invece sapevano benissimo quello che stavano facendo: dopo otto anni di ossessive indagini lo stavano finalmente arrestando.

Finiva un'epoca. Da quel momento anche le vite degli uomini che lo stavano arrestando avrebbero subito un cambiamento, sarebbero tornate a una disorientante normalità.

La frase però è alquanto enigmatica e si presta a letture diverse.

Un'interpretazione che viene data è quella che Provenzano immagini una sanguinosa guerra di successione al trono.

Ma è poco credibile che in quel momento pensi ad altri che non a se stesso.

Una seconda interpretazione è che Provenzano, a causa del suo arresto, tema un ritorno della mafia alla strategia militare, alle bombe e alle stragi, che lui era riuscito, con la sua autorità, a seppellire. Abbia insomma paura che la sua paziente opera di convincimento all'immersione verrà rinnegata dagli eredi. Che il sommergibile, fino ad allora da lui tenuto a quota periscopio, nuovamente emerga sparando all'impazzata. Insomma, quella frase significa: arrestandomi, aprite il vaso di Pandora.

Certo, è naturale che ogni supremo dirigente di una grande azienda si preoccupi di quello che avverrà dopo di lui. Ma qui non si tratta di dimissioni o di sfiduciamento di un dirigente, qui si tratta di un arresto che prelude al carcere a vita e che avviene dopo quarantatré anni di latitanza.

È pensabile che in quel momento Provenzano avesse a cuore le sorti dell'azienda mafia?

Forse, tenuto presente che Provenzano era anche un attento lettore del Nuovo Testamento, cadrebbe proprio a taglio una citazione dal preferito Vangelo di Luca:

> Giunti al luogo detto il Teschio, crocifissero lui e i malfattori, uno a destra e l'altro a sinistra. Gesù diceva: «Padre, perdona loro *perché non sanno quello che fanno*».

Solo una coincidenza?

Breve antologia dei pizzini

24-07-2001.

Carissimo, con gioia, ho ricevuto, tuoi notizie, mi compiaccio tanto, nel sapervi, a tutti, in ottima salute.Lo stesso grazie a Dio, am momento, posso dire, di me.

1) Argomento puntamento: Ieri ho spedidito, lo sta bene, tutto per filo e per segno, tranne dire l'arburazzo, che credo, dovrebbe servire ad'atri.

2) Argomento: Senti, mi dicono, Che L'Impresa Giabrone Giuseppe, di Cammarata, messa apposto, Di B n. e per tale, penso, che l'abbia fatto con te. metterla apposto, per un lavoro, a cefalà Diana. Imp. Un milione,e due cento, Acconto dato dieci milioni. e questi sono arrivati, per via regolare. Mi dicono,che alcuni, settimani, addietro, L'Imp. Giambrone è andato, di nuovo, per un secondo?, e la persona, che si è prodicato per il primo, per paura, non se le ha voluti prendere? e cia detto di trovarsi un'altra persona. La mia preghiera, se sei tu, che lo hai messo a posto? provvedi di farli girare da te,e tu a me, e così lasciamo a tutti condenti.

3) Argomento: Questo io sò, che non lo devo chiedere, a te, mà a titolo di cronaca, se tu sapessi, che ci fosse una via, con Catania per mettere apposto ha qualcuno,? o che avessero messo apposto L'mpresa Ing. Attillio Grassi S.N.C, via XX Settembrembre n°27 S. Gregorio(Catania) se ne sai qualcosa, fammelo sapere.

In'attesa, di tuoi nuovi riscondri, smetto, augurandovi un mondo di bene inviandovi i più cari Aff. saluti per tutti.
Vi benedica il Signore e vi protegga!

25-04-2001.

Carissimo, con gioia ho ricevuto tue notizie, mi compiacci tanto, nel
saperti, a tutti in ottima salute. Lo stesso, grazie a Dio, al momento,
posso dire di me.

1) Grazie di questa notizia, che ti sei incontrato, con lo zio G. Che io
non conosco fisicamente. E colgo l'occasione, di pregarti, di farmi sapere se tu lo conosce come nostro.   Per il resto che lui ti ha chiesto,
Lavoro Palermo Raccomandato di B n. (lavoro Tribunale PA. e che vogliono che quando si iniziano i lavori ci chedono di fare lavorare umpò di
camion dicci che si inderessa, come ci fosse presente B n.

2) Impresa Prizzi Di Pisa, e i suoi problemi, Stò provvedendo,per avvis-
arli di quando tu mi hai detto, ricevendone risposta, e dovere mio
comunicartela,

3) Ho ricevuto il nome Pizzo: Che è quello che devi, affiancarisi a La
Franca x Lavoro di Gangi. Senti amme me lo anno chiesto. E io sto dicendo a te, di Darmi il tempo che ci arrivi, il mio messagio, non sò
quando lo può ricevere, perchè c'è una lingagine di tempo circa un mese
e più. Questo te lo dico? perchè sto dicendo a Quello di La Franca che
si ci presenti questo Signor Rizzo, con modi educati le chiede se ci è
arrivata notizia, che La franca devi riceversi questo Signor Rizzo per
Rizzo chiederci quello che tu vuoi,e mettersi tra loro d'accordo. Questo
è per te, che tu puoi mandarci a questo RizzO. La stessa cosa? sto
dicendo all(altra parte? che si ricevono questo Signor Rizzo per andare
insiemi con le condizione che tu ci dici da chiedere per andare avanti.
E così vediamo se si può iniziare questa premessa x andare avanti. Tu
lo sai che io non ho niente da chiedere, se non chiedervi a tutte e due
le parte, che mi auguro che non ce ne ne sia di bisogno, mà là dove ce
ne fosse di bisogno? per le cose giusti, sono sempre a vostra completa
disposizione.

4) Argomento 10ml che io avevo di Piana, ti comunico che lo puoi chiedere perchè io già ce li ho mandati, E così questi le anno ricevuti? e x
Piana te la vedi tu co cui mi ai detto.

202

5) Argomento Lercara, Sinatra - Ing. La Barbera: Sento tutto quello che
mi dic, e mi chiedi. dovrai pazientare, per il tempo, di farmi sentire
la campana dall'altra parte? perchè le persone di questo Paese di Lercara sono quasi tutti chi primo,e chi dopo inaffidabile: Ora passo il tuo
detto e poi. Poi " Non condivido, che uno se è vero fà le promesse, e no
non le mantiene. Non, condivido, che uno si ha scelto un fornitore,e nello stesso tempo, lo lascia per prenderne un'altro. Ciò nonstante non
condivido? Se questa di comune e d'accordo fosse la Solozione x il bene
di tutti lo fare. Se dipendesse di me.
Mà tu dovrai pazientare, che mi danno la risposta, quelli dell'Ing.
La Barbera. Tenento presente quando ti sto dicendo. Tu ti puoi come
meglio crede regolarti con il Sinatra.
Senti assiemi, al tuo presente, ti mando 21ml saldo x le strade Aiello
tuo paese. Dammi conferma che le ricevi.
In'attesa di tuoi Confermi, e risposti che ti ho chiesto precedentemente
smetto, augurandovi x tutti voi un mondo di bene, inviandovi i più cari
aff. saluti per tutti.
Vi Benedica il Signore e vi protegga!.
Mi sono dimendicato, ha dirti che ho passato il discorso della masseria
e quando tu mi dici, mà non ho ancora ricevuto risposta, non c'è stato
il tempo materiale. Ancira un'abbraccio.

Carissimo, con gioia, ieri, ho ricevuto, tue notizie, mi compiaccio
tanto nel sapervi, a tutti, in ottima salute. Lo stesso,grazie a Dio,
al momento, posso dire di me.

1) Sento quando mi dici, e mi hai dato la risposta, il tuo giorno preferito per l'appuntamento, ho già trasmesso.

2) Grazie, e ricambio sempre,i saluti per tuo compare.

3) Giov.di Vallelunga: Che si doveva incontrare con paesani di mm vabe

4) Risposta, dei carpentieri ti copio" Mi chiedevi di carpentieri da andare a caccamo, la cosa e un pò generica, si tratta di una ciurma che d-
eve fare una costruzione, o di qualche operato, fammi avere cose più
chiari.

5) Argomento Iacuzzi apposto a Marineo: che L'importo à di due cento ml
e no si altro, se non lo chiedi, passerò quello che mi dici.

6) Argomento sostituto di mm. Grazie te ne sono grato.

7) Argomento, il messagio, che il nostro, comuni amico mi ha mandato,ed
io ti ho mandato per tutto quello che ti riguarda, lo commentiamo di
presenza con il volere di Dio.

8) Sei condento di sentire, che sono rimasto condento, del discorso Gel
sono condeto, grazie a voi, perchè si tratta di Pace; che se ti ci soffermi umpò sopra, quando cosi mali si evitano, per tantissimi innoccenti
tutti, e per primi quei poveri familiare. Di cuore ti ringrazio,se non
lo trscuri, come tu mi dici,in questo presente, niente complimenti, mà
preghiamo il Nostro buon Dio, che ci guidi, a fare opere Buone. E per
Tutti.

9) Argomento: Sento che tuo zio, persevera, nel discorso masseria, come
me lo dici, così lo comunico.

Ora ti comunico, alcune cose, che tu aspettavi risposta.   = = = = =

10) Argomento: Ti copio risposta tuo figlioccio,e Professore.
" Allora apprendo con piacere che il Prof. si e comportato bene e che
al ragazzo sono andati beni gli esami.
11) Argomento (Carlo Casstronovi: per Cerda, e Campo Felice sbato.
' Per quando riguarda mio cugino carlo guarda che le cose non stanno
come anno scritto, intanto di questo affare di azienda agricola a Cerda,
lui non ne sa parlare sono stati loro a chiedere se sapeva se si era ve-
nduta quella azienta,e lui ci a risposto che non lo sapeva, come di fatto non losa per cui ti prego di rimandare il messaggio prima che dicono
devono essere sicuri perchè quello di questo affare non ne sa parlare.
Poi se ha sbagliato a campo felice in qualche cosa, sbagliare e umano
basta dirlo e si chiarisce.
12) Argomento: Per quando tiguarda rettifiche motori io non rigordo mà
se si chiedevase può aprire al mio paese può venire se a bisogno di
qualche appoggio che si presenti da me che le presento qualche meccanico
E' Ovvio che non si ricorda, perchè non mi dava risposta,e più volti ci
no dovuto chiedere, di darmi risposti, ora te l'ho passato, tutte le
risposte, per come te li ho copiati., Io in verità con precisione non
rigordo, mà mi sembra che si chiedeva? mà diversamente, mà tu accetta
quello che mi dicono, e rispondi secondo, là dove c'è di ricordare,e
ricordiamo,, o facciamo ricordare, chiedendo, quello giusto che si vuole
Io altro, mà ne parleremo in seguito.
In'attesa di tuoi nuovi riscondri, smetto, augurandovi per tutti un mondo di bene, inviandovi i più cari Aff. saluti per tutti.
Vi benedica il Signore e vi protegga!.

Carissimo, con l'augurio, che la presente, vi trovi, a tutti·in ottima
salute. Come grazie a Dio, al momento posso dire di me.
Con l'augurio, che aveti passato, Una Buona Serena Santa Pasqua
unitamente, hai propri cari.
* Ho ricevuto da parte di Pino,(Discarica) Mi ha comandato, di farti
gli auguri di Buona Pasqua Mandandoti AFF. Saluti, e mi hà mandato,
una torta per te che ti ho mandato, subito avendola ricevuto.

* Tempo fà, mi hai parlato Dell'Avv. Bevilacqua, non rigordo bene,
il perchè, me ne hai parlato. Ho avuto notizie, che è una brava persona. E te l'ho sto comunicando.   F. 14 04
* Mi hai parlato: Di una, situazione, che indaressa hai CT. Di CL.
Supermercato Romano: Mi comunicano, Che è umpo difficile Arrivare a
Questo Romano, in quandò na una sorella fidanzata con un'ispettore
di Polizia, Questo è quando mi hanno comunicato, Dicendo pure? che
vogliono ancora, cercare, se lo possono ragiundere? mà questa è la
situazione.

* Senti, puoi dirci. ha tuo compare, che stiamo,siamo entrati in
primavera, e lui dovessi conoscere, le verdura, nominata Cicoria, se
potesse trovare, il punto dove la porta la terra questa cicoria,e se
potesse fare umpò di seme, quando è granata, e me la conserva? Ti
può dire che la vendono in bustine, nò nonè questa allo stato natural
che conosciamo. Io volessi questa naturale il Seme.
Non rigordo altro al momento, In'attesa di tuoi nuovi e buoni
riscondri, smetto, augurandovi per tutti un mondo di bene,inviandovi
i più cari Aff. saluti per tutti.
Vi benedica il Signore e vi protegga!.

Carissimo, con gioia ho ricevuto tue notizie.Mi compiaccio nel saperi a t
utti in Ottima salute. Lostesso grazie a Dio,al momento posso dire di me.
llora I) ti dò conferma che ho ricevuto per me e P. 4mila E.

) Non sò cosa ti abbia detto il I5; per il posto. E dovere mio spiegarti ~~siee~~
iccome sono stato impossibilitato per seguire la cura? Mi sollecitano di
iprenderla al più presto mettendosi addisposizione il 60 per venirla affare
ui sapendo dove venire. Ne corso di questi discorsi che ne abbiamo fatti pi
iù di uno? io ti ho detto che volevo provare se lo trovavo io un posto?
vviamente sempre per tramite il I5.Grazie a Dio lo ha trovato. Ripeto non
ò cosa il I5 Ti abbia potuto dire. Mà tutto è legato al 60. B come tutte le
ose devono succedere a me il 60 non ha potuto venire perchè è stato alletto
on la febre. Hora ho ricevuto la sua predisposizione a venire,è lui volessi
enire un Mercoledì sera per poi ritornare il Venerdi mattina fare tutto e
i porta tutto lui.Ora come tu puoi ben capire questo provvedimento ed organ
rganizzazione è per farlo al più presto ma come vedi c'è l'impedimento di p
oterlo fare il prossimo giovedi,vuo per la distanza non c'è il tempo materi
ateriale? e c'è che il prossimo Vedidì è il Venerdì Santo che i labboratori
on funzionano. Allora io do la risposta di farlo con il volere di Dio, il
iovedì 20 Aprile e fare entrare la sera di giovedì fare tutto nella mattina
i Venerdì e uscire la Mattina di Venerdi presto (su questo Orario per
ntrare e per uscire? Ti tu ti devi mettere d'accordo sia con il I5,? e
ia con il 60. X il I5 vedi tu come rintracciarlo al più presto,per mettervi
accordo dove è il posto? se c'è il Garace per fare venire al 60 con la sua
acchina? stabilire Lora di entrata ed uscita della mattina del Venerdì
possibilità permettendo non fare incontrare o vedersi Il 60 con il I5.
er quando a tu avere il condatto con il 60 non ti manca come fare chiedi
er il 60 cidelo a (nI23.) che I23 che può mettere in condatto con il 60.
poi vedi tu.se c'è qualcosaltro con il volere di Dio, abbiamo questi
iorni che ci separano. Per agiungere o levare qualcosa.Io con il volere di
to, volessi notizie per come vanno le cose di questa previsione mammano
he vanno passando i giorni,spero di essere stato chiaro Il I5 è venuto
a me adirmi che tu avevi organizzato per sabato partire, mè dove avevi tu
rovato il posto? dimmelo. In'attesa di tuoi nuovi e buoni riscondri smetto
ugurandovi per tuttiun mondo di bene,Colgo l'occasione per augurarvi se no
i Sentiamo più prima della santa Pasqua a Tutti vi augura di passare Una
uona Felicissima Serena Santa Pasqualnviandovi i più cari Aff'.Saluti
i benedica il Signore e vi protegga!.

ʳᵗᵘₒₑ')

207

In merito alla discarica finalmente ho avuto l'incontro e gli ho
spiegato la situazione come stava e cioè che dovevano pagare Qualche
cosa in più di quello che avevamo stabilito prima e sono arrivato
a portarli a 7.500 Euro cioè circa 15 ml.e siccome loro avevano
uscito 10 ml. mi debbono dare ancora 2.500 E. però me li daranno
a fine giugno e subito te li farò avere. Più di questo non sono
riuscito a fare ,sparo che N.N. sarà contento.
Questi soldi sono per il 2001 poi a fine dicembre di ogni anno,
fino a quando ci saranno loro, manderanno 7.500 E.
Ti prego di salutarmi N.N. e di fargli tanti auguri di una Buona
Santa Pasqua. NOn avendo altro da dirti ti ricevi i migliori auguri
di una Santa Pasqua e un caro abbraccio da parte mia e auguri e
saluti di tutti.

                                  13-08-2001.

Carissimo, con l'augurio, che la presente,vi trovi
a tutti, in ottima, salute.Cpme grazie, a Dio, al
momento, posso dire di me.

Carissimo, Ho ricevuto, notizie,e cose, di B n.
Una cosa, del passato, di uno che aveva acche
fare, con lui B n. di cui al suo tempo, questo
ebbe a dare soldi a B n. per due lavori per 66
appartamente, in un paese, e 20 appartamenti in
altro paese (Lercara) Di cui il B n. dici che
cia detto, che della somma ricevuta 40, ne dava
30, per i 66. e 10, x i 20(Lercara) Perdonami se
ti chiedo, mà tu le ai ricevuto? questi dieci ml ?
Io cerco di sapere, d'informare, ed esserni nello
stesso tempo responzabile,di quello, che devo
rispondere.
I'attesa di tuoi nuovi riscondri, smetto augurandovi per tutti, un mondo di bene, inviandovi,i
più cari Aff. saluti per tutti.
Vi benedica il Signore e vi protegga!.

Nota

Ringrazio vivamente il dottor Michele Prestipino che ha revisionato le voci di questo dizionario.

Ringrazio Valentina Alferj che ha collaborato alla scelta dei pizzini da includere.

I diritti d'autore di questo libro sono interamente devoluti alla Fondazione Andrea Camilleri e Funzionari di Polizia per i figli delle vittime del dovere.

Bibliografia

Se Salvo Palazzolo e Michele Prestipino non avessero scritto il loro esaustivo *Il codice Provenzano* (Laterza, Bari 2007) il presente "dizionario" non avrebbe mai potuto vedere la luce. Da esso ho tratto citazioni a piene mani.

Ma mi sono stati anche molto utili:

Vincenzo Mortillaro, *Nuovo dizionario siciliano-italiano*, Palermo 1838-44 (poi Stabilimento tipografico Lao, Palermo 1876, copia anastatica).

Giuseppe Guido Lo Schiavo, *Piccola pretura*, Colombo, Roma 1948.

Nick Gentile, *Vita di capomafia*, con una prefazione di Felice Chilanti, Editori Riuniti, Roma 1963.

Inchiesta sulle condizioni sociali ed economiche della Sicilia (1875-76), in 2 volumi, Cappelli, Bologna 1969.

Emanuele Macaluso, *La mafia e lo Stato*, Editori Riuniti, Roma 1972.

Henner Hess, *Mafia*, Laterza, Bari 1973.

"Testo integrale della relazione della Commissione parlamentare d'inchiesta sul fenomeno della mafia", in 3 volumi, Cooperativa scrittori, Roma 1973.

Franchetti - Sonnino, *Inchiesta in Sicilia*, Vallecchi, Firenze 1974.

Sebastiano Aglianò, *Che cos'è questa Sicilia?*, [1945] Sellerio, Palermo 1996.

Saverio Lodato, *Venticinque anni di mafia: c'era una volta la lotta alla mafia*, Rizzoli, Milano 2004.

John Dickie, *Cosa Nostra: storia della mafia siciliana*, Laterza, Bari 2005.

Piero Grasso - Francesco La Licata, *Pizzini, veleni e cicoria*, Feltrinelli, Milano 2007.

Il mimo citato alle pagine 57-58 è tratto da: Francesco Lanza, *Mimi siciliani*, Sellerio, Palermo 1971.

Indice

«Voi non sapete»
di Andrea Camilleri
Collezione Scrittori italiani e stranieri

Arnoldo Mondadori Editore S.p.A.

Questo volume è stato impresso nel mese di ottobre dell'anno 2007
presso Mondadori Printing S.p.A.
Stabilimento Nuova Stampa Mondadori - Cles (TN)

Stampato in Italia - Printed in Italy